小学校 教科書単元別

到達目標と評価規準

理科
啓 3-6年

INDEX

はじめに　田中耕治	3
本書の特長	4
新学習指導要領のポイント	6
学習指導要領　理科改訂のポイント	8
指導要録改訂のポイント	10
各教科の評価の観点と領域	12
単元一覧表	14
到達目標と評価規準	17

はじめに

子どもたちに「生きる力」を保障するために

佛教大学教育学部教授，京都大学名誉教授　**田中　耕治**

2017年3月に新しい学習指導要領が告示され，小学校では2020年度から，中学校では2021年度から全面実施される。また2019年1月には，中央教育審議会初等中等教育分科会教育課程部会より「児童生徒の学習評価の在り方について（報告）」が公表され，指導要録改訂の方針が示された。

新しい学習指導要領では，「生きる力」を育成するために，「何を学ぶのか」に加えて「何ができるようになるか」「どのように学ぶか」が重視され，知識・技能の習得に加えて，子どもたちが自ら考え，判断して表現する力と主体的に学習に取り組む態度を身に付けさせることが求められている。

各小学校では，来年度からの全面実施に向け，さまざまな準備をしていく必要があるが，子どもたちの学力を保障するためには，「目標」の設定と「目標に準拠した評価」が必須であるということに変わりはない。このことを今一度確認しておきたい。

（1）変わらない「目標に準拠した評価」の意義

「目標に準拠した評価」では，子どもたちに身に付けてほしい学力内容を到達目標として示し，すべての子どもが目標に到達するように授業や教育課程のあり方を検討していく。そして「目標に準拠した評価」を行い，未到達な状況が生まれた場合には，教え方と学び方の両方に反省を加え，改善を行うことができる。まさしく「目標に準拠した評価」こそが，未来を生きる子どもたちに本物の「生きる力」を保障する確固たる方針である。

（2）新しい観点での評価規準の明確化と評価方法の工夫

「目標に準拠した評価」を具体的に展開していくためには，到達目標にもとづく評価規準を明確にする必要がある。評価規準があいまいな場合には，子どもたちが到達目標に達したかどうかの判断が主観的なものになってしまう。したがって，評価規準を明確にすることは「目標に準拠した評価」の成否を決する大切な作業となる。

2020年度からの新しい学習評価では，観点が「知識・技能」「思考・判断・表現」「主体的に学習に取り組む態度」の3観点に統一される。どの観点でも，到達目標の設定と評価規準の明確化に加え，子どもたちが評価規準をパスしたかどうかを評価する方法の工夫が必要となる。そのような評価方法は，子どもたちの学びの過程を映し出したり，子どもが評価活動に参加して，自己表現－自己評価できるものが望ましい。

当然のことながら，それらの評価が「評価のための評価」となってはならない。そのためには，これまで以上に客観的な評価規準を設定することが不可欠となる。

このたび上梓された本書が，「目標に準拠した評価」を実現するための有効な手引書になれば幸いである。

本書の **特長**

○新学習指導要領の趣旨を踏まえ，教科書の単元ごとに到達目標と評価規準を，新しい3観点それぞれで設定。また，授業ごとの学習活動も簡潔に提示。新学習指導要領と新観点に沿った指導計画，授業計画の作成に役立ちます。

内容紹介

〔紙面はサンプルです〕

6年   教科書：p.28〜35 配当時数：5時間 配当月：5月

2. 植物の成長と日光の関わり

時数，配当月表示

区分表示

内容の区分 B 生命・地球

関連する道徳の内容項目 D 自然愛護

関連する道徳の内容項目

到達目標

≫知識・技能

○葉に日光が当たると，デンプンができることがわかる。

○日光を当てた葉と当てない葉で，デンプンのでき方を比べる実験を適切に行い，その結果を記録することができる。

≫思考・判断・表現

○植物の成長と日光との関わりについて問題を見つけることができる。

○予想や仮説を確かめるための実験計画を立てることができる。

○日光とデンプンのでき方との関係を調べる実験結果から，より妥当な考えを導き出し，

○葉にできた養分が，植物の成長とどのように関わっているかを考えることができる。

> **到達目標**
> 授業の目標が明確にわかり，授業計画のもとになります。

≫主体的に学習に取り組む態度 ※「主体的に学習に取り組む態度」は方向目標を示しています。

○植物の成長と日光との関わりについて粘り強く追究する活動を通して，葉でデンプンをつくるはたらきについて知り，まとめようとする。

評価規準

≫知識・技能

○デンプンができるためには，葉に日光が当たることが必要であることを理解している。

○葉でデンプンができるために必要な条件を調べる実験を，条件制御しながら適切に行っている。

○葉でデンプンができるために必要な条件を調べた実験結果を，正確に記録している。

━━━━━━━━━● 対応する学習指導要領の項目：B(2) ア (ア)

≫思考・判断・表現

○植物の発芽の学習をもとに，植物の成長にデンプンが必要であるかどうかについて根拠のある予想を立てている。

○立てた予想を発表したり，文章にまとめている。

○友だちの意見を聞いて，自分の予想の妥当性について考えている。

○予想を確かめるための実験を計画している。

○実験結果をもとに，葉にデンプンができるために必要な条件について考え，わか

> **評価規準**
> 「知識・技能」「思考・判断・表現」
> 児童が目標に達したかどうかをみとる際の規準です。
> 授業中の様子や児童のノートを確認する際の参考にもなります。

評価規準

「主体的に学習に取り組む態度」

この評価規準を参考に，「主体的に学習に取り組む態度」の評価を行うことができます。

≫主体的に学習に取り組む態度

○植物の成長と日光との関わりについて問題を見つけ，根拠のある予想・仮説を立てて実験し，自分の考えをまとめている。

○植物の成長と日光の実験計画について，友だちとの話し合いを通して自らの考えを見直している。

○植物の成長と日光の実験結果をもとに考察したことについて，自分の意見を人にわかりやすく伝えるくふうをしている。

○植物の成長と日光の関わりの学習で，わかったこととまだわからないこと，できるようになったこととまだできないことが何かを，自分で考えている。

○植物に関心をもって，大切にしようとしている。

関連する既習内容

学年		内容
3	年	身の回りの生物
4	年	季節と生物
5	年	植物の発芽，成長，結実

関連する既習内容

つまずいたときに，どこの単元にもどればよいかがわかります。

学習活動

小単元名	時数	学習活動	見方・考え方
○導入	1	○教科書 P.28，29 の写真を見て，植物の成長と日光との関係について話し合う。 ・5 年生の植物の発芽と成長の学習を振り返り，植物の発芽と養分，成長と日光との関係に興味・関心をもって話し合う。 ・植物の成長と日光との関わりについて問題を見つけ	共通性・多様性 関係付け
○成長と日光の関わり①	2	○日光と，葉にできる養分との関係を調べる。 ・日光とデンプンのでき方の関係について，根拠のある ・葉に日光が当たるとデンプンができるかどうかを調べる。 ・日光以外の条件を同じにして，日光とデンプンので を調べる。 ・デンプンの有無を，ヨウ素液を使って調べる。	
○成長と日光の関わり②	1	○実験の結果から考察し，わかりやすく整理する。 ・複数の実験の結果から，葉に日光が当たるかどうかと，葉にデンプンができるかどうかということを関係づけて考察する。 ・考察して導き出した結論をわかりやすくまとめる。 ・植物の葉に日光が当たると，デンプンができることを理解する。 ・半日の間，日光を当てなかった葉にはデンプンがなかったことから，葉でできた養分は植物の成長に使われることを理解する。	共通性・多様性 関係付け 多面的に考える
○確かめよう	1	○植物の成長と日光の関わりについて学んだことを生かして問題を解く。	共通性・多様性 多面的に考える

学習活動

授業ごとの学習活動が明確になっているので，新教科書の授業で何をすればよいかがわかります。

5

新学習指導要領の ポイント

Ⅰ 新学習指導要領の最大のポイント

新学習指導要領では，全体を通して「何を学ぶか」に加えて「何ができるようになるか」が重視されています。身に付けた知識・技能を日常生活や学習場面で活用できる力を育てるということです。

また，「なぜ学ぶのか」という学習の意義についても児童に確信を持たせることが必要とされています。それが主体的に学習に取り組む態度，学力につながり，最終的にはこれからの「予測が困難な時代」にも対応可能な「生きる力」を育てることになります。

Ⅱ 資質・能力の育成と主体的・対話的で深い学び

「生きる力」に不可欠な資質・能力の柱として以下の三つが明記されました。

1．知識及び技能
2．思考力，判断力，表現力等
3．学びに向かう力，人間性等

これらの「資質・能力」を育成するために，「主体的・対話的で深い学び」に向けた授業改善が必要とされています。

「主体的」とは児童が意欲をもって学習にあたること，「対話的」とは先生からの一方的な授業ではなく，自分の考えを発表し，ほかの児童の考えを聞いて自分の考えをより深めるなどの活動です。これらを通して，より深い学力，つまり生活の中で活用できる学力を身に付けるようにするということです。

Ⅲ 生活に生かす

新学習指導要領には「日常生活」「生活に生かす」という言葉が多く出てきます。「なぜ学ぶのか」ということを児童が実感するためにも，学習内容と生活との関連を意識させ，学習への意欲をもつようにさせることが必要になります。「日常生活」や「生活に生かす」というキーワードを意識した授業が求められます。

Ⅳ 言語能力の育成

「教科横断的な視点に立った資質・能力の育成」という項目の中で，学習の基盤となる資質・能力として「情報活用能力」「問題発見・解決能力等」とあわせて「言語能力」が重視されています。国語ではもちろん，他の教科でも言語能力を育成するということになります。

各教科内容の理解のためにも，「対話的」な学びを行うためにも，言語能力は必要です。具体的には，自分の考えをほかの人にもわかるように伝えることができるか，ほかの人の意見を理解することができるかを評価し，もし不十分であれば，それを指導，改善していくという授業が考えられます。「言語能力の育成」を意

識して，児童への発問やヒントをどう工夫するか，ということも必要になります。

V 評価の観点

資質・能力の三つの柱に沿った以下の3観点とその内容で評価を行うことになります。

「知識・技能」　　　　　①個別の知識及び技能の習得

②個別の知識及び技能を，既有の知識及び技能と関連付けたり活用する中で，概念等としての理解や技能の習得

「思考・判断・表現」　　①知識及び技能を活用して課題を解決する等のために必要な思考力，判断力，表現力等

「主体的に学習に取り組む態度」①知識及び技能を習得したり，思考力，表現力等を身に付けたりすることに向けた粘り強い取組

②粘り強い取組の中での，自らの学習の調整

VI カリキュラム・マネジメント

3年と4年に「外国語活動」が，5年と6年には教科として「外国語」が導入され，それぞれ35単位時間増えて，3年と4年は35単位時間，5年と6年は70単位時間になります。また，「主体的・対話的な学び」を推進していくと，必要な授業時数が増えていくことも考えられます。

このような時間を捻出するために，それぞれの学校で目標とする児童像を確認しながら，「総合的な学習の時間」を核として各教科を有機的につなげた教科横断的なカリキュラムを組むなどの方法が考えられます。このカリキュラムを目標達成の観点から点検，評価しつつ改善を重ねていくカリキュラム・マネジメントが必要になります。

VII プログラミング学習

小学校にプログラミング学習が導入されます。プログラミングそのものを学ぶのではなく，プログラミングの体験を通して論理的思考力を身に付けるための学習活動として位置づけられています。プログラミングそのものを学ぶのではありませんから，教師がプログラマーのような高度な知識や技術を持つ必要はありません。プログラミングの体験を通して，どのようにして児童の論理的思考力を育てていくかに注力することが必要です。

学習指導要領 理科改訂のポイント

(1)理科の教科目標と重視されたこと

新学習指導要領には，以下のように理科の教科目標がまとめられています。

理科の目標

自然に親しみ，理科の見方・考え方を働かせ，見通しをもって観察，実験を行うことなどを通して，自然の事物・現象についての問題を科学的に解決するために必要な資質・能力を次のとおり育成することを目指す。

(1)自然の事物・現象についての理解を図り，観察，実験などに関する基本的な技能を身に付けるようにする。

(2)観察，実験などを行い，問題解決の力を養う。

(3)自然を愛する心情や主体的に問題解決しようとする態度を養う。

今回の学習指導要領改訂で重視した点として，以下の2つが示されています。

ア　理科で育成を目指す資質・能力を育む観点から、自然に親しみ、見通しをもって観察、実験などを行い、その結果を基に考察し、結論を導きだすなどの問題解決活動の充実

イ　理科を学ぶことの意義や有用性の実感及び理科への関心を高める観点から、日常生活や社会との関連を重視

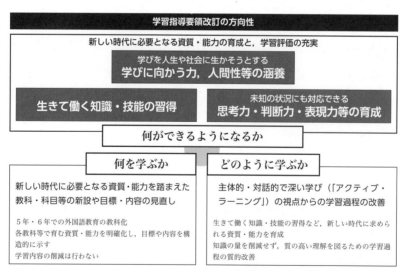

出典：文部科学省『新しい学習指導要領の考え方−中央教育審議会における議論から改訂そして実施へ−』より（一部改変）

(2)理科の見方・考え方

①理科の「見方」とは，各領域における問題解決の過程において，自然の事物・現象をどのような視点でとらえるかということであり，以下の４つが示されています。

- ・エネルギー領域　量的・関係的な視点
- ・粒子領域　　　　質的，実体的な視点
- ・生命領域　　　　多様性と共通性の視点
- ・地球領域　　　　時間的・空間的な視点

ただし，これらの視点は，各領域固有のものではなく，他の領域においても用いられるべき視点であることや，原因と結果，部分と全体などの視点もあることに留意しなければなりません。

②理科の「考え方」とは，問題解決の過程において，どのような考え方で思考していくかということであり，学年ごとに重視する考え方が示されています。

- 第３学年　「比較する」　　　複数の自然の事物・現象を対応させ比べる
- 第４学年　「関係づける」　　自然の事物・現象を様々な視点から結びつける
- 第５学年　「条件を制御する」自然の事物・現象に影響を与えると考えられる要因について，どの要因が影響を与えるかを調べる際に，変化させる要因と変化させない要因を区別する
- 第６学年　「多面的に考える」自然の事物・現象を複数の側面から考える

各学年で示された「考え方」だけを用いて思考するということではなく，下の学年の「考え方」は上の学年の「考え方」の基盤になることに留意しなければなりません。

(3)理科での主体的・対話的で深い学び

①主体的な学び

- ・自然の事物・現象から問題を見いだし，見通しをもって観察，実験などを行う学び
- ・学習活動をふり返って意味づけたり，得られた知識や技能を基に次の問題を発見したり，新たな視点で自然の事物・現象を捉えようとする学び

②対話的な学び

- ・問題の設定や実験，観察の計画立案，結果の考察の場面などで，自ら考えて根拠をもって発表し，意見交換で自分の考えをより妥当なものにする学び

③深い学び

- ・新たに獲得した知識・技能や見方・考え方を次の学習や日常場面での問題発見，解決で働かせることができる学び

指導要録改訂の ポイント

Ⅰ 指導要録の主な変更点

①全教科同じ観点に

「指導に関する記録」部分で，各教科の観点が全教科統一されました。

②評定の記入欄が，「各教科の学習の記録」部分へ

これまで評定の記入欄は独立していましたが，「評定が観点別学習状況の評価を総括したものであることを示すため」に「各教科の学習の記録」部分へ移動しました。

③外国語（5・6年）が「各教科の学習の記録」部分に追加

④「外国語活動の記録」部分が，5・6年から3・4年に変更

⑤「総合所見及び指導上参考となる諸事項」の記入スペースが小さく

教師の勤務負担軽減の観点から，「総合所見及び指導上参考となる諸事項」については，要点を箇条書きとするなど，その記載事項を必要最小限にとどめることになったためです。

また，「通級による指導に関して記載すべき事項が当該指導計画に記載されている場合には，その写しを指導要録の様式に添付することをもって指導要録への記入に変えることも可能」となりました。

⑥条件を満たせば，指導要録の様式を通知表の様式と共通のものにすることが可能

通知表の記載事項が，指導要録の「指導に関する記録」に記載する事項をすべて満たす場合には，設置者の判断により，指導要録の様式を通知表の様式と共通のものとすることが可能であるとなっています。

Ⅱ 新指導要録記入上の留意点

①教科横断的な視点で育成を目指すこととされた資質・能力の評価

「言語能力」「情報活用能力」「問題発見・解決能力」などの教科横断的な視点で育成を目指すこととされた資質・能力の評価は，各教科等における観点別学習状況の評価に反映することになります。

②「特別の教科 道徳」の評価（これまでと変更なし）

・数値による評価ではなく，記述式で行う

・個々の内容項目ごとではなく，多くくりなまとまりを踏まえた評価を行う

・他の児童との比較による評価ではなく，児童がいかに成長したかを積極的に受け止めて認め，励ます個人内評価とする　　など

③外国語活動（3・4年）の評価

観点別に設けられていた文章記述欄が簡素化されました。評価の観点に即して，児童の学習状況に顕著な事項がその特徴を記入する等，児童にどのような力が身に付いたかを文章で端的に記述します。

Ⅲ 新小学校児童指導要録（参考様式）の「指導に関する記録」部分

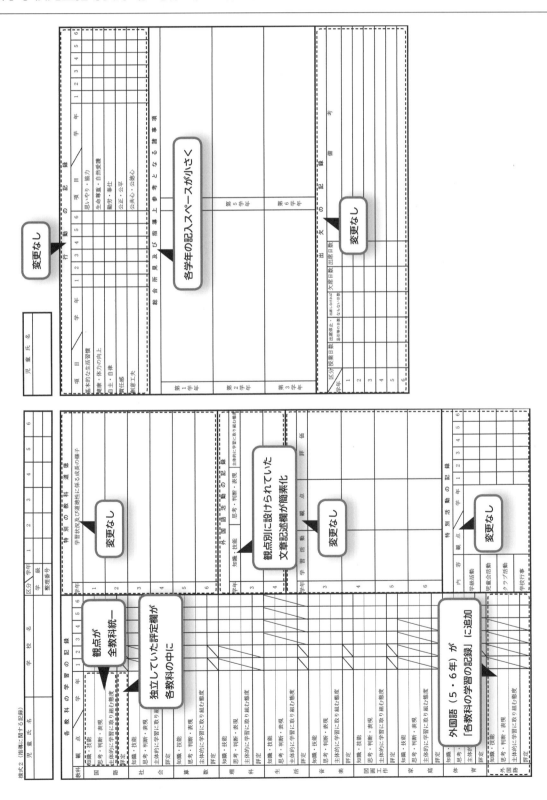

各教科の評価の 観 点 と 領 域

Ⅰ　2020年度からの評価の観点

　新学習指導要領では，すべての教科等で教育目標や内容が資質・能力の三つの柱「知識及び技能」「思考力，判断力，表現力等」「学びに向かう力，人間性等」に沿って再整理されました。

　この教育目標や内容の再整理を踏まえて，観点別評価については，すべての教科で「知識・技能」「思考・判断・表現」「主体的に学習に取り組む態度」の3観点で行うことになります。

Ⅱ　各観点で評価する内容

①知識・技能

　・知識及び技能の習得状況

　・習得した知識及び技能を既有の知識及び技能と関連付けたり活用したりする中で，他の学習や生活の場面でも活用できる程度に概念等を理解したり，技能を習得したりしているかどうか

②思考・判断・表現

　・知識及び技能を活用して課題を解決する等のために必要な思考力，判断力，判断力等を身に付けているかどうか

③主体的に学習に取り組む態度

　・知識及び技能を獲得したり，思考力・判断力，表現力等を身に付けたりするために，自らの学習状況を調整しながら，学ぼうとしているかどうかという意志的な側面

Ⅲ　各観点での評価の方法

①知識・技能

　・知識や技能の習得だけを評価するのではなく，概念的な理解ができているかという視点でも評価を行います。

②思考・判断・表現

　・ペーパーテストだけではなく，論述やレポートの作成，発表，グループや学級における話し合い，作品の制作や表現等の多様な活動の中での評価，それらを集めたポートフォリオを活用したりするなどの評価方法を工夫する必要があります。

③主体的に学習に取り組む態度

　・ノートの記述，授業中の発言や行動，児童による自己評価や相互評価等を，評価の際に考慮する材料の一つとして用いることが考えられます。その際，児童の発達の段階や一人一人の個性を十分に考慮しながら，「知識・技能」や「思考・判断・表現」の観点の状況も踏まえた上で，評価を行う必要があります。

Ⅳ 学習指導要領における内容の表示

　国語と外国語は，観点別，領域別に内容を表示し，算数と理科は領域別に，社会については観点別，領域別に分けず，単純に学年別に内容を表示しています。これらの違いは教科性によるものです。これは，資質・能力の育成を目指して「目標に準拠した評価」をさらに進めるためでもあります。

Ⅴ 各教科の観点と領域

観点

教科	～2019年度	2020年度～
国語	国語への関心・意欲・態度	知識・技能
	話す・聞く能力	思考・判断・表現
	書く能力	主体的に学習に取り組む態度
	読む能力	
	言語についての知識・理解・技能	
算数	算数への関心・意欲・態度	知識・技能
	数学的な考え方	思考・判断・表現
	数量や図形についての技能	主体的に学習に取り組む態度
	数量や図形についての知識・理解	
理科	自然事象への関心・意欲・態度	知識・技能
	科学的な思考・表現	思考・判断・表現
	観察・実験の技能	主体的に学習に取り組む態度
	自然事象についての知識・理解	
社会	社会的事象への関心・意欲・態度	知識・技能
	社会的な思考・判断・表現	思考・判断・表現
	観察・資料活用の技能	主体的に学習に取り組む態度
	社会的事象についての知識・理解	
外国語（英語）		知識・技能
		思考・判断・表現
		主体的に学習に取り組む態度

領域

教科	～2019年度	2020年度～
国語	A　話すこと・聞くこと	A　話すこと・聞くこと
	B　書くこと	B　書くこと
	C　読むこと	C　読むこと
	伝統的な言語文化と国語の特質に関する事項	
算数	A　数と計算	A　数と計算
	B　量と測定	B　図形
	C　図形	C　測定（1～3年）／変化と関係（4～6年）
	D　数量関係	D　データの活用
理科	A　物資・エネルギー	A　物質・エネルギー
	B　生命・地球	B　生命・地球
社会		
外国語（英語）		聞くこと
		読むこと
		話すこと（やり取り）
		話すこと（発表）
		書くこと

単元一覧表　啓林3年

3学期制	2学期制	月	単元名
1学期	前期	4	しぜんを見つめる
			1. 生き物をさがそう
			植物を調べよう（1）　2. たねをまこう
		5	3. チョウを育てよう
		6	植物を調べよう（2）　〇植物の育ちとつくり
			4. 風とゴムの力のはたらき
		7	植物を調べよう（3）　〇花のかんさつ
			自由研究
2学期		9	5. こん虫のかんさつ
			植物を調べよう（4）　〇植物の一生
	後期	10	6. かげと太陽
		11	7. 光のせいしつ
		12	8. 電気であかりをつけよう
3学期		1	9. じしゃくのふしぎ
			これまでの学習をつなげよう
		2	10. 音のせいしつ
			11. ものと重さ
		3	〇おもちゃランド

啓林4年

3学期制	2学期制	月	単元名
1学期	前期	4	しぜんにせまる
			季節と生き物（1）　1. 春の生き物
		5	2. 天気と1日の気温
			自然の中の水のゆくえ（1）　〇地面を流れる水のゆくえ
		6	3. 電気のはたらき
			季節と生き物（2）　〇夏の生き物
		7	空を見上げると（1）　〇夏の夜空
			自由研究
2学期		9	空を見上げると（2）　〇月や星の動き
			5. とじこめた空気や水
	後期	10	6. ヒトの体のつくりと運動
		11	季節と生き物（3）　〇秋の生き物
			みんなで使う理科室
			温度とものの変化（1）　7. ものの温度と体積
		12	
3学期		1	空を見上げると（3）　〇冬の夜空
			季節と生き物（4）　〇冬の生き物
			温度とものの変化（2）　8. もののあたたまり方
		2	温度とものの変化（3）　9. 水のすがた
			自然の中の水のゆくえ（2）　10. 水のゆくえ
		3	これまでの学習をつなげよう
			季節と生き物（5）　〇生き物の1年間

啓林 5 年

3 学期制	2 学期制	月	単元名
1学期	前期	4	自然を読みとく
			受けつがれる生命（1） 〇花のつくり
			受けつがれる生命（2） 1. 植物の発芽と成長
		5	受けつがれる生命（3） 2. メダカのたんじょう
		6	
			受けつがれる生命（4） 3. ヒトのたんじょう
		7	天気の変化（1） 〇台風と気象情報
			自由研究
2学期		9	受けつがれる生命（5） 4. 花から実へ
	後期	10	これまでの学習をつなげよう
			天気の変化（2） 〇雲と天気の変化
			6. 流れる水のはたらき
		11	みんなで使う理科室
			7. ふりこのきまり
		12	
3学期		1	8. もののとけ方
		2	9. 電流と電磁石
		3	

啓林 6 年

3 学期制	2 学期制	月	単元名
1学期	前期	4	自然とともに生きる / わたしたちの地球と環境
			1. ものが燃えるしくみ
		5	2. ヒトや動物の体
		6	3. 植物のつくりとはたらき
			わたしたちの地球（1） 4. 生物どうしのつながり
		7	これまでの学習をつなげよう
			自由研究
2学期		9	みんなで使う理科室
			5. 水よう液の性質
	後期	10	6. 月と太陽
		11	7. 大地のつくりと変化
		12	
3学期		1	8. てこのはたらき
		2	9. 発電と電気の利用
		3	わたしたちの地球（2） 10. 自然とともに生きる

小学校 教科書単元別

到達目標と評価規準

理科
啓3-6年

| 3年 | 啓林 |

教科書：p.6〜13　配当時数：4時間　配当月：4月

1. 生き物をさがそう

内容の区分　B 生命・地球

関連する道徳の内容項目　D 生命の尊さ／自然愛護

到達目標

≫知識・技能

○生物の姿は，色，形，大きさなど，違うところと似ているところがあることがわかる。

○虫眼鏡の使い方や記録カードのかき方がわかる。

○野外での観察方法を知り，安全に心がけて活動することができる。

≫思考・判断・表現

○校庭の植物や動物を観察して，気づいたことをわかりやすく発表できる。

≫主体的に学習に取り組む態度　　※「主体的に学習に取り組む態度」は方向目標を示しています。

○校庭の植物や動物のようすに関心をもち，粘り強く観察しようとする。

評価規準

≫知識・技能

○生物には，いろいろな色や形，大きさがあることを理解している。

○生物には，その姿に差異点と共通点があることを理解している。

○屋外で植物や動物を安全に観察している。

○虫眼鏡を正しく安全に使っている。

○色，形，大きさなどに着目して観察した結果を，記録カードなどに的確に記録している。

●対応する学習指導要領の項目：B(1) ア (ア)

≫思考・判断・表現

○校庭の植物や動物のようすを観察して，気づいたことを発表している。

○身の回りのいろいろな生物の色，形，大きさなどについて，差異点や共通点を言葉でわかりやすくまとめている。

●対応する学習指導要領の項目：B(1) イ

≫主体的に学習に取り組む態度

○校庭の生物のようすに関心をもって，積極的に観察しようとしている。

○生物に関心をもって，大切にしようとしている。

学習活動

小単元名	時数	学習活動	見方・考え方
○導入	1	○校庭や野原に出て生き物を探す。 ・動物も植物も「生き物」ということを確認する。 ・においをかいだり触ったり，体全体を使って生き物を探す。 ・見つけた生き物を記録カードにかく。	共通性・多様性　比較
○生き物をさがそう①	1	○見つけた生き物を紹介する。 ・見つけた生き物を紹介し合う。 ・生き物について詳しく知りたいことや，それを調べるためにどうすればよいか考える。	共通性・多様性　比較
○生き物をさがそう②	2	○春の生き物を観察する。 ・虫眼鏡の正しい使い方を理解し，観察の方法を調べて生き物の観察をする。 ・観察する生き物を決めて，詳しく調べ，わかりやすく記録カードにかく。 ・みんなの観察結果を並べて，観察したことを伝え合い，差異点や共通点など，気づいたことを話し合う。 ・生き物は，すんでいる場所や大きさ，色，形などに違いがあることを理解する。	共通性・多様性　比較

| 3年 | 啓林 |

教科書：p.14〜21　配当時数：4時間　配当月：4〜5月

植物を調べよう (1)

2. たねをまこう

内容の区分　B 生命・地球

関連する道徳の内容項目　D 生命の尊さ／自然愛護

到達目標

》知識・技能

○様々な植物の種子や子葉のようすを観察し，植物によって違いがあることがわかる。

○育てている植物を観察して，その成長のようすをわかりやすく記録することができる。

○植物の子葉の特徴をとらえ，図と言葉でわかりやすく記録することができる。

》思考・判断・表現

○様々な植物の種子を観察して，気づいたことをわかりやすく発表できる。

○育てている植物を観察して，前に観察したときと比べて違っていることを見いだし，説明することができる。

》主体的に学習に取り組む態度　※「主体的に学習に取り組む態度」は方向目標を示しています。

○育てている植物の成長に関心をもち，粘り強く世話をしようとする。

評価規準

》知識・技能

○適切なたねのまき方を理解している。

○植物の種子や子葉には，色や形，大きさに違いがあることを理解している。

○育てている植物への水やりなど，適切に植物の世話をしている。

○植物の子葉や葉の色，形，大きさ，数などに着目して観察した結果を，記録カードなどに的確に記録している。

● 対応する学習指導要領の項目：B(1) ア (ウ)

》思考・判断・表現

○様々な植物の種子のようすを観察して，気づいたことを発表している。

○育てている植物の成長のようすについて調べ，前に観察したときと比べて違っていることを見いだし，図や言葉でわかりやすくまとめている。

● 対応する学習指導要領の項目：B(1) イ

》主体的に学習に取り組む態度

○育てている植物の成長のようすに関心をもって，積極的に観察しようとしている。

○植物に関心をもって，大切にしようとしている。

関連する既習内容

学年		内容
3	年	身の回りの生物 (身の回りの生物と環境との関わり)

学習活動

小単元名	時数	学習活動	見方・考え方
○導入	1	○様々な植物の花とたねを見比べて，気づいたことを話し合う。 ・それぞれの花とたねの色，形などに着目して，気づいたことを話し合う。 ・生活科で育てたアサガオなどのようすを振り返り，植物がたねからどのように育っていくのか関心をもつ。	共通性・多様性　比較
1. たねまき	1	○育てたい植物のたねを選んでたねをまく。 ・植物のたねを比べながら観察し，育てたい植物のたねを選んだら，そのたねのようすを詳しく観察して記録カードにかく。 ・たねのまき方を事前に確認し，それぞれの植物に合った方法でたねをまく。	共通性・多様性　比較
2. めが出た後のようす	2	○植物を栽培しながら，芽が出た後の成長のようすを記録する。 ・たねをまいてはじめに出てきた葉を子葉ということを理解する。 ・テープなどを使った草丈のはかり方を理解する。 ・子葉や葉の形，色，数，植物の草丈などを観察して，成長のようすを記録カードに記録する。 ・観察した結果を話し合い，たねから芽が出た後に，子葉が出て，次に葉が出てきて草丈が伸びていったことをまとめる。 ・記録のまとめ方や整理の仕方を理解する。	共通性・多様性　比較

| 3年 | 啓林 |

教科書：p.22〜35　配当時数：9時間　配当月：5〜6月

3. チョウを育てよう

内容の区分　B 生命・地球

関連する道徳の内容項目　C 伝統と文化の尊重，国や郷土を愛する態度／国際理解，国際親善　D 生命の尊さ／自然愛護

到達目標

≫知識・技能
○チョウの体のつくりの特徴がわかり，図と言葉でわかりやすく記録することができる。

○チョウの育ち方を観察し，成長の変化をわかりやすく記録することができる。

○チョウの育ち方がわかる。

≫思考・判断・表現
○チョウの体のつくりを観察して，気づいたことをわかりやすく発表できる。

○チョウの育ち方を観察して，前に観察したときと比べて違っていることを見いだし，説明することができる。

≫主体的に学習に取り組む態度　※「主体的に学習に取り組む態度」は方向目標を示しています。
○育てているチョウの育ち方に関心をもち，粘り強く世話をしようとする。

評価規準

≫知識・技能
○チョウの体のつくりについて理解している。

○チョウの体のつくりについて観察した結果を，記録カードなどに的確に記入している。

○チョウの成長の仕方を理解している。

○チョウの成長のようすを正確に記録している。

　　　　　　　　　　　　　　　　　　　　　　　　　　● 対応する学習指導要領の項目：B(1) ア (イ)

≫思考・判断・表現
○育てているチョウの成長のようすについて調べ，前に観察したときと比べて違っていることを見いだし，図や言葉でわかりやすくまとめている。

　　　　　　　　　　　　　　　　　　　　　　　　　　● 対応する学習指導要領の項目：B(1) イ

≫主体的に学習に取り組む態度
○チョウの育ち方について関心をもち，積極的に飼育，観察をしようとしている。

○チョウに関心をもって，大切にしようとしている。

関連する既習内容

学年		内容
3	年	身の回りの生物 (身の回りの生物と環境との関わり)

学習活動

小単元名	時数	学習活動	見方・考え方
○導入	1	○キャベツ畑のモンシロチョウの写真を見て気づいたことを話し合う。 ・キャベツ畑に集まるモンシロチョウは何をしているのか，モンシロチョウの体のつくりはどうなっているのかなどを話し合う。	共通性・多様性 関係付け
1. チョウの育ち①	4	○チョウのたまごや幼虫はどのように育っていくのか，育ち方を調べる。 ・モンシロチョウはキャベツの葉にたまごを産み，たまごから幼虫が孵化することを理解する。 ・チョウはどのように育っていくのか，チョウの育ち方を予想する。 ・事前に育て方を確認して，世話をしながら，たまごと幼虫の育ち方を観察する。 ・たまごは葉につけたまま，形や色，大きさを観察し，記録カードに記録する。 ・幼虫は日を変えて何回か観察し，形や色，大きさを記録し，前回と変わったところを調べる。 ・観察の結果から，幼虫は脱皮するたびに大きくなり，食べる餌や糞の量が増えること，やがてさなぎになることをまとめる。	共通性・多様性　比較
1. チョウの育ち②	1	○さなぎはどのように成虫になるのか，育ち方を調べる。 ・日を変えて何回か観察し，形や色，大きさなどの変化を記録し，前回と変わったところを調べる。 ・さなぎの形や大きさは変わらないが，色は少し変わることと，何も食べず，しばらくすると成虫になって出てくることを理解する。 ・チョウは，たまご→幼虫→さなぎ→成虫の順に育つことを理解する。	共通性・多様性　比較
2. チョウの体のつくり	2	○チョウの成虫の体のつくりを調べる。 ・チョウの成虫の体は，頭・胸・腹に分かれていることを理解する。 ・チョウの頭には目・口・触角がついていて，胸には4枚のはねと6本のあしがついていることを理解する。 ・チョウの腹は，いくつかの節からできていることを理解する。 ・体のつくりが，頭・胸・腹の3つの部分に分かれ，胸に6本のあしがある生き物のなかまを昆虫ということを理解する。	共通性・多様性　比較
○たしかめよう	1	○チョウの育ち方と体のつくりについて学んだことを生かして問題を解く。	共通性・多様性 多面的に考える

3年　啓林　　　　　　　　　　　　　　　教科書：p.36〜41　配当時数：3時間　配当月：6月

植物を調べよう (2)
● 植物の育ちとつくり

内容の区分　B 生命・地球

関連する道徳の内容項目　D 生命の尊さ／自然愛護

到達目標

≫ 知識・技能
○育てている植物を観察して，その成長のようすをわかりやすく記録することができる。
○植物の成長のようすを観察し，植物によって葉の形や大きさなどに違いがあることがわかる。
○植物の栽培を通して，植物の体のつくりは葉，茎，根からできていることがわかる。

≫ 思考・判断・表現
○植物の体のつくりの差異点と共通点に気づき，それを適切に表現できる。
○育てている植物を観察して，前に観察したときと比べて違っていることを見いだし，説明することができる。

≫ 主体的に学習に取り組む態度　※「主体的に学習に取り組む態度」は方向目標を示しています。
○育てている植物の成長に関心をもち，粘り強く世話をしようとする。

評価規準

≫ 知識・技能
○植物は，葉の形，草丈などに違いがあることを理解している。
○植物の体は葉・茎・根からできていて，根は地中にあり，葉は茎についていることを理解している。
○育てている植物への水やりなど，適切に植物の世話をしている。
○植物の成長のようすをわかりやすく記録している。
○色，形，大きさ，数などに着目して観察した結果を，記録カードなどに的確に記入している。
　　　　　　　　　　　　　　　　　　　　　　　　　　　　　　　　　　対応する学習指導要領の項目：B(1) ア (ウ)

≫ 思考・判断・表現
○植物の体のつくりの差異点と共通点に気づき，それを適切に表現している。
○育てている植物の成長のようすについて調べ，前に観察したときと比べて違っていることを見いだし，図や言葉でわかりやすくまとめている。
　　　　　　　　　　　　　　　　　　　　　　　　　　　　　　　　　　　　　対応する学習指導要領の項目：B(1) イ

≫ 主体的に学習に取り組む態度
○育てている植物の成長のようすに関心をもって，積極的に観察しようとしている。
○植物に関心をもって，大切にしようとしている。

関連する既習内容

学年	内容
3 年	身の回りの生物 (身の回りの生物と環境との関わり, 植物の成長と体のつくり)

学習活動

小単元名	時数	学習活動	見方・考え方
1. 植物が育つようす	1	○植物の育ち方を観察する。 ・植物がどのように育ったか, 前回の観察記録と比べながら観察する。 ・葉の色, 形, 数, 植物の草丈, 茎の太さに着目して調べ, 記録カードにかく。 ・観察の結果, 草丈が高くなり, 茎が太くなって, 葉の数が増えたことをまとめる。	共通性・多様性　比較
2. 植物の体のつくり	2	○植物の体のつくりを調べる。 ・植物の体はどのようになっているのか, ビニルポットから取り出し, 土の中の部分も観察する。 ・植物についている土を洗い落とし, 土の上に出ている部分と土の中にある部分のつくりを調べ, 記録カードにかく。 ・ほかの植物の体のつくりと比較し, 差異点や共通点について, 気がついたことを話し合う。 ・どの植物の体も, 葉・茎・根からできていて, 根は茎から地中に広がり, 葉は茎についていることを理解する。	共通性・多様性　比較

| 3年 | 啓林 |

教科書：p.42〜53　配当時数：9時間　配当月：6〜7月

4. 風とゴムの力のはたらき

| 内容の区分 | A 物質・エネルギー

| 関連する道徳の内容項目 | C 伝統と文化の尊重，国や郷土を愛する態度

到達目標

》知識・技能
○風とゴムの力は，物を動かすことができることがわかる。
○風とゴムの力のはたらきの大きさと物の動く距離との関係についてわかる。
○風とゴムの力のはたらきの大きさを変えたときの物の動く距離の違いを，正確に記録することができる。

》思考・判断・表現
○風とゴムの力のはたらきの大きさを大きくしたときの物が動くようすについて，生活のなかで経験したことなどから予想を立てることができる。
○風とゴムの力のはたらきの大きさと物が動くようすを関係づけてとらえ，その関係を表を使ってわかりやすくまとめることができる。

》主体的に学習に取り組む態度　※「主体的に学習に取り組む態度」は方向目標を示しています。
○風とゴムの力のはたらきについて粘り強く追究する活動を通して，物の動き方の変化には風とゴムの力のはたらきの大きさが関係していることを知り，まとめようとする。

評価規準

》知識・技能
○風とゴムの力は，物を動かすことができることを理解している。
○物の動く距離を調べて，その結果を適切に記録している。
○風とゴムの力のはたらきで動く車を正しく扱い，安全に実験を行っている。
○風の力を強くしたり，ゴムを長く伸ばしたりすると，物を動かす力が大きくなることを理解している。
　　　　　　　　　　　　　　　　　　　　　　　　●対応する学習指導要領の項目：A(2) ア (ア)(イ)

》思考・判断・表現
○風とゴムの力のはたらきの大きさと物が動くようすとの関係について，問題を見つけている。
○立てた予想を発表したり，文章にまとめたりしている。
○友だちの意見を聞いて，自分の予想の妥当性について考えている。
○ゴムの伸ばし方と物が動くようすを関係づけて考え，それを言葉でわかりやすく表現している。
○風とゴムの力のはたらきの大きさを変える実験結果から，風とゴムの力のはたらきの大きさを変えると物が動くようすも変わることを導き出している。
　　　　　　　　　　　　　　　　　　　　　　　　　　　●対応する学習指導要領の項目：A(2) イ

≫主体的に学習に取り組む態度

○風とゴムの力のはたらきの大きさと物が動くようすとの関係について問題を見つけ，自分なりの予想を立てて実験している。

○風とゴムの力のはたらきの学習で，わかったこととまだわからないこと，できるようになったこととまだできないことが何かを，自分で考えている。

学習活動

小単元名	時数	学習活動	見方・考え方
○導入	1	○風を受けて進むヨットの写真を見て，風の力について疑問に思ったことや気づいたことを話し合う。 ・風やゴムで動くおもちゃで遊んだことを思い出し，風やゴムをどのように利用したか振り返る。	量的・関係的　比較 関係付け
1. 風の力のはたらき	4	○風の強さと，物を動かすはたらきの関係を調べる。 ・風で動く車を作り，送風機で風を当てて動かしたことから，風の強さと車が動く距離の関係について問題を見つける。 ・風の強さを変えたときの，物を動かすはたらきの変化を調べる実験をする。 ・車に強い風と弱い風を当てて，それぞれ車が動いた距離を調べ，表にして比べる。 ・物を動かすはたらきが大きいのは強い風と弱い風のどちらといえるか，実験の結果から考える。 ・風の力のはたらきで物を動かすことができることと，風が強くなるほど物を動かすはたらきが大きくなることを理解する。	量的・関係的　比較 関係付け
2. ゴムの力のはたらき	3	○ゴムを伸ばす長さと，物を動かすはたらきの関係を調べる。 ・ゴムで動く車を作って動かし，ゴムを伸ばす長さを変えると，物を動かすはたらきはどのように変わるか予想する。 ・ゴムを伸ばす長さを変えて，車が動いた距離を調べ，動いた距離を表にして比べる。 ・実験結果から，ゴムを伸ばす長さと，物を動かすはたらきの大きさについて，どのようなことがいえるか考える。 ・ゴムの力のはたらきで物を動かすことができることと，ゴムを長く伸ばすほど物を動かすはたらきは大きくなることを理解する。	量的・関係的　比較 関係付け
○たしかめよう	1	○風とゴムの力のはたらきについて学んだことを生かして問題を解く。	量的・関係的 多面的に考える

| 3年 | 啓林 |

教科書：p.54〜57　配当時数：1時間　配当月：7月

植物を調べよう (3)

● 花のかんさつ

内容の区分　B 生命・地球

関連する道徳の内容項目　D 生命の尊さ／自然愛護

到達目標

》知識・技能

○植物の種類によって，茎の伸び方，花の色，葉の形や大きさなどが違っていることがわかる。

○育てている植物への水やりなど，継続して世話ができる。

○育ててきた植物が成長し，葉が増え，茎が伸びて，花が咲いているようすを記録することができる。

》思考・判断・表現

○植物の成長のようすを観察して，気づいたことをわかりやすく発表できる。

○育てている植物を観察して，前に観察したときと比べて違っていることを見いだし，説明することができる。

》主体的に学習に取り組む態度　※「主体的に学習に取り組む態度」は方向目標を示しています。

○育てている植物の成長に関心をもち，花が咲いたことを喜び，粘り強く世話をしようとする。

評価規準

》知識・技能

○植物の草丈や花の色，葉の形などは，植物によって違っていることを理解している。

○植物の草丈や葉の数，花の色などを正確に記録している。

○育てている植物への水やりなど，適切に植物の世話をしている。

○植物の成長のようすをわかりやすく記録カードに記入している。

● 対応する学習指導要領の項目：B(1) ア (ウ)

》思考・判断・表現

○植物を観察し，その姿や花を比較し，その違いについて表現している。

○植物の成長のようすや花を観察して，気づいたことを発表している。

○育てている植物の成長のようすについて調べ，前に観察したときと比べて違っていることを見いだし，図や言葉でわかりやすくまとめている。

● 対応する学習指導要領の項目：B(1) イ

》主体的に学習に取り組む態度

○育てている植物の成長のようすに関心をもって，積極的に観察しようとしている。

○草丈の高いヒマワリなどは，棒を使うなどくふうして高さをはかろうとしている。

○植物に関心をもって，大切にしようとしている。

関連する既習内容

学年		内容
3	年	身の回りの生物 (身の回りの生物と環境との関わり，植物の成長と体のつくり)

学習活動

小単元名	時数	学習活動	見方・考え方
1. 花がさいたようす	1	○植物の育ちと花のようすを観察する。 ・植物がどのように育ったか，前回の観察記録と比べながら観察する。 ・葉の色，形，数，植物の草丈，茎の太さを調べ，記録カードにかく。 ・花のようすを調べ，記録カードにかく。 ・観察の結果，草丈が高くなり，茎が太くなって，葉の数が増え，花が咲いたことをまとめる。	共通性・多様性　比較

| 3年 | 啓林 |

教科書：p.60〜73　配当時数：5時間　配当月：9月

5. こん虫のかんさつ

内容の区分　B 生命・地球

関連する道徳の内容項目　D 生命の尊さ／自然愛護

到達目標

》知識・技能

○昆虫は，食べ物がある場所や隠れやすい場所などに多くいることがわかる。

○昆虫を見つけた場所やそのようすなどについて，正確に記録することができる。

○昆虫の体のつくりの特徴がわかる。

○チョウとバッタやトンボの育ち方の差異点と共通点がわかる。

》思考・判断・表現

○昆虫のいる場所やようすを観察して，気づいたことをわかりやすく発表できる。

○昆虫がいる場所とその昆虫の食べ物や生活との関係について考えることができる。

○昆虫の体のつくりを観察して，気づいたことをわかりやすく発表できる。

○チョウとバッタやトンボの育ち方を比べ，その差異点と共通点を導き出すことができる。

》主体的に学習に取り組む態度　※「主体的に学習に取り組む態度」は方向目標を示しています。

○昆虫のすんでいる場所や育ち方に関心をもち，粘り強く調べようとする。

評価規準

》知識・技能

○昆虫は，食べ物があったり隠れることができたりする場所にいることが多いことを理解している。

○昆虫のいる場所と活動のようすについて観察した結果を，記録カードなどに的確に記入している。

○昆虫の体のつくりについて理解している。

○チョウとバッタやトンボの育ち方の差異点と共通点を理解している。

○昆虫は，周りの環境と関わり合って生きていることを理解している。

● 対応する学習指導要領の項目：B(1) ア (ア)(イ)

》思考・判断・表現

○昆虫のいる場所と活動のようすとの関係について考察し，わかりやすく説明している。

○食べ物や活動のようすなどから，見つけた昆虫がなぜそこにいたかを考え，まとめている。

○チョウとバッタやトンボの育ち方を比べ，その差異点と共通点を言葉でわかりやすくまとめている。

● 対応する学習指導要領の項目：B(1) イ

》主体的に学習に取り組む態度

○昆虫のいる場所と活動のようすとの関係について関心をもち，積極的に観察をしようとしている。

○昆虫に関心をもって，大切にしようとしている。

関連する既習内容

学年	内容
3 年	身の回りの生物 (身の回りの生物と環境との関わり，昆虫の成長と体のつくり)

学習活動

小単元名	時数	学習活動	見方・考え方
1. こん虫のすみか	1	○どのような昆虫がどこにいるのか，昆虫のすみかを調べる。 ・校庭や野原に出て昆虫を探し，見つけた場所とそこにいた理由を考えて，記録カードにかく。 ・昆虫は，食べ物や隠れるところのある場所に多くいて，周りの自然と関わり合って生きていることを理解する。	共通性・多様性　比較 関係付け
2. こん虫の体のつくり	2	○昆虫の成虫の体のつくりを調べる。 ・チョウの体のつくりを思い出して，教科書P.65の図に描く。 ・校庭や野原に出て昆虫を探し，見つけた昆虫の成虫の体のつくりを調べて記録する。 ・体の分かれ方，あしやはねの数，目，触角，口，あしやはねがどこについているかに着目し，チョウの体のつくりと比べる。 ・昆虫の成虫の体は，頭・胸・腹の3つの部分に分かれ，胸に6本のあしがあることを理解する。 ・体のつくりが異なるダンゴムシやクモは，昆虫ではないことを理解する。	共通性・多様性　比較 関係付け
3. こん虫の育ち	1	○昆虫の育ち方を調べる。 ・チョウの育ち方を思い出して，教科書P.67にチョウの育ち方の順番を書く。 ・これまでに飼育してきた昆虫の記録を見返したり，図鑑やコンピュータで昆虫の育ち方を調べたりして，チョウの育ち方と比べる。 ・調べた結果を比べ，昆虫の育ち方についてどのようなことがいえるのか，気づいたことや考えたことを発表する。 ・昆虫には，たまご→幼虫→さなぎ→成虫の順に育つものと，たまご→幼虫→成虫の順に育つものがいることを理解する。	共通性・多様性　比較 関係付け
○たしかめよう	1	○昆虫の観察について学んだことを生かして問題を解く。	共通性・多様性 多面的に考える

3年　啓林　　　　　　　　　　　　　　　　教科書：p.74〜81　配当時数：4時間　配当月：9〜10月

植物を調べよう (4)

● 植物の一生

内容の区分　B 生命・地球

関連する道徳の内容項目　C 勤労，公共の精神　D 生命の尊さ／自然愛護

到達目標

≫知識・技能
○植物は，花が咲いた後に実ができることがわかる。
○植物の種子をまいてから実がなるまでの，観察記録を整理することができる。

≫思考・判断・表現
○秋頃の植物のようすを観察して，気づいたことをわかりやすく発表できる。
○育てている植物を観察して，前に観察したときと比べて違っていることを見いだし，説明することができる。
○植物の成長の記録を整理し，ほかの植物の記録と比較して差異点や共通点をまとめることができる。

≫主体的に学習に取り組む態度　※「主体的に学習に取り組む態度」は方向目標を示しています。
○4月から育ててきた植物のようすに関心をもち，その育ち方を整理して粘り強くまとめようとする。
○4月から育ててきた植物を最後まで愛情をもって世話をしようとする。

評価規準

≫知識・技能
○植物は花が咲いた後に実ができ，枯れていくことを理解している。
○花が咲いた後の植物の変化や実のようすを正確に記録している。
○育てている植物への水やりなど，適切に植物の世話をしている。
○植物の成長のようすを，わかりやすく記録カードに記入している。
○4月から記録してきたカードを，植物の育ち方にそって整理している。

　　　　　　　　　　　　　　　　　　　　　　　　● 対応する学習指導要領の項目：B(1) ア (ウ)

≫思考・判断・表現
○複数の植物を観察し，実や枯れた姿を比較し，差異点や共通点について表現している。
○植物のようすや実を観察して，気づいたことを発表している。
○育てている植物の秋頃のようすを調べ，前に観察したときと比べて違っていることを図や言葉でわかりやすくまとめている。

　　　　　　　　　　　　　　　　　　　　　　　　● 対応する学習指導要領の項目：B(1) イ

≫主体的に学習に取り組む態度
○花が咲いた後の植物のようすに関心をもって，積極的に観察しようとしている。
○植物に関心をもって，大切にしようとしている。

関連する既習内容

学年		内容
3	年	身の回りの生物（身の回りの生物と環境との関わり，植物の成長と体のつくり）

学習活動

小単元名	時数	学習活動	見方・考え方
1. 実ができたようす	1	○植物の育ち方を観察する。 ・葉の色，形，数，植物の草丈，茎の太さを調べ，記録カードに記録する。 ・花の後にできている実のようすを調べ，記録カードに記入する。 ・植物がどのように育ったか，前回の観察記録と比べながら観察する。 ・観察の結果，植物は花が咲いた後，実ができてしばらくすると枯れたことと，実の中にはたねができていたことをまとめる。	共通性・多様性　比較
2. かんさつきろくのふり返り	2	○観察記録を振り返り，植物の育ち方について気づいたことなどを発表し合う。 ・植物ごとに，育ってきた順に記録カードを並べて整理する。 ・どの植物の一生も育ち方は同じで，たねから育って花を咲かせ，実がなってたねができたら枯れていくことを理解する。	共通性・多様性　比較
○たしかめよう	1	○植物の育ち方について学んだことを生かして問題を解く。	共通性・多様性 多面的に考える

| 3年 | 啓林 | 教科書：p.82～99　配当時数：9時間　配当月：10～11月 |

6. かげと太陽

| 内容の区分 | B 生命・地球 |
| 関連する道徳の内容項目 | C 勤労，公共の精神／伝統と文化の尊重，国や郷土を愛する態度 |

到達目標

≫知識・技能

○かげは日光を遮るとできることと，かげの位置は太陽の位置の変化に伴って変わることがわかる。

○太陽の位置が東の方から南の空を通って西の方へ変化することがわかる。

○日なたの地面の温度が日陰の地面に比べて高くなるのは，日光で地面があたためられるからだということがわかる。

○方位磁針や温度計などを正しく扱うことができる。

○方位磁針を使って東西南北の方位を調べ，太陽の1日の位置の変化をとらえることができる。

○日なたと日陰の地面の温度について，正確に記録することができる。

≫思考・判断・表現

○日なたと日陰の地面の温度の違いを日光と関係づけて考察し，その考察した内容をわかりやすく表現することができる。

○予想を確かめるための実験計画を立てることができる。

○かげの位置の変化を観察し，かげの位置の変化を太陽の位置の変化と関係づけてとらえることができる。

≫主体的に学習に取り組む態度　※「主体的に学習に取り組む態度」は方向目標を示しています。

○かげと太陽の位置の変化について粘り強く追究する活動を通して，かげの位置の変化には太陽の位置の変化が関係していることを知り，まとめようとする。

評価規準

≫知識・技能

○人や物が日光を遮るとかげができることと，かげは太陽の反対側にできることを理解している。

○太陽は，東の方からのぼって南の空を通って西の方へ沈むことを理解している。

○かげの位置は太陽の位置の変化に伴って変わることを理解している。

○方位磁針を使って太陽の位置を調べ，正確に記録している。

○温度計などを使って，日なたと日陰の地面の温度を正確に測っている。

○日光で地面があたためられ，日なたの地面の温度が日陰の地面に比べて高くなることを理解している。

●対応する学習指導要領の項目：B(2) ア (ア)(イ)

≫思考・判断・表現

○かげつなぎやかげ踏みをして気づいたことから，問題を見つけている。

○日なたと日陰の地面の温度の違いと日光との関係について，日光の当たったプールサイドが熱かった経験などから予想を立てている。

○友だちの意見を聞いて，自分の予想の妥当性について考えている。

○予想を確かめるための観察を計画している。

○太陽の位置とかげの位置との関係，日光と地面のあたたかさとの関係について考察し，それを言葉でわかりやすく表現している。

○観察の結果から，かげの位置が変わるのは太陽の位置が変わるからであると考え，自分の言葉で表現している。

● 対応する学習指導要領の項目：B(2) イ

≫主体的に学習に取り組む態度

○かげの位置の変化と太陽の位置の変化との関係を調べる観察計画について，友だちとの話し合いを通して自らの考えを見直している。

○日なたと日陰の地面の温度の違いと日光との関係について問題を見つけ，自分なりの予想を立てて観察している。

○太陽と地面のようすの学習で，わかったこととまだわからないこと，できるようになったこととまだできないことが何かを，自分で考えている。

3年

学習活動

小単元名	時数	学習活動	見方・考え方
○導入	1	○かげつなぎやかげ踏みをして，気づいたことを話し合う。	時間的・空間的 関係付け
1. かげのでき方と太陽	2	○かげのでき方と太陽の位置との関係を調べる。 ・校庭でかげつなぎやかげ踏みをして，かげのでき方やかげのできる向き，太陽との関係に着目して話し合い，問題を見つける。 ・かげは，どのようなところにできるのか，調べる方法を計画する。 ・晴れた日の校庭で，遮光板を使ってかげの向きと太陽の位置を調べる。 ・かげは，太陽の光(日光)を人や物が遮ると太陽の反対側にできることと，人や物などのかげは同じ向きにできることを理解する。	時間的・空間的 関係付け
2. かげと太陽の動き	2	○時間の経過によるかげの向きの変化を調べる。 ・2枚の写真を見比べて，かげの向きの変化から問題を見いだす。 ・なぜ，かげの向きが変わったのか予想する。 ・かげの向きと太陽の位置を記録できる記録用紙をつくり，午前と正午頃，午後に調べて記録する。 ・方位磁針の正しい使い方を理解する。 ・かげの向きが変わるのは，太陽の位置が変わるからだということを理解する。 ・太陽は時間の経過とともに，東から南の空の高い位置を通って西の方へ動くことを理解する。	時間的・空間的　比較 関係付け

3. 日なたと日かげの地面①	1	○日なたと日陰の地面を比べる。 ・写真を見て気づいたことを話し合い，日なたと日陰の地面のようすを比較して問題を見いだす。 ・校庭に出て，日なたと日陰の地面を触り，明るさ，あたたかさ，湿り気を比べる。 ・日なたは明るく，地面は乾いていてあたたかいことを理解する。 ・日陰は暗く，地面は湿った感じがしてつめたいことを理解する。 ・あたたかさがどれくらい違うのか興味をもち，次の学習につなげる。	時間的・空間的　比較 関係付け
3. 日なたと日かげの地面②	2	○日なたと日陰の地面の温度の違いを調べる。 ・晴れた日の午前に，日なたと日陰の地面の温度を測り，正午頃に同じ場所でもう一度測って記録する。 ・温度計の正しい使い方を理解する。 ・日なたと日陰の観察の結果を比較することで，日なたの方が日陰よりも地面の温度が高いことを理解する。 ・日なたの地面の温度は，午前よりも正午の方が高くなることを理解する。 ・日なたの地面の温度が日陰より高くなるのは，日光で地面があたためられるからだということを理解する。	時間的・空間的　比較 関係付け
○たしかめよう	1	○太陽と地面のようすについて学んだことを生かして問題を解く。	時間的・空間的 多面的に考える

| 3年 | 啓林 |

教科書：p.100〜111　配当時数：8時間　配当月：11月

7. 光のせいしつ

内容の区分　A 物質・エネルギー

関連する道徳の内容項目　C 国際理解，国際親善

到達目標

》知識・技能

○日光はまっすぐに進み，集めたり反射させたりできることがわかる。

○物に日光を当てると，物は明るく，あたたかくなることがわかる。

○日光を集めたところは，より明るく，よりあたたかくなることがわかる。

○複数の鏡で日光を集めたときの明るさやあたたかさの変化について，正確に記録することができる。

○虫眼鏡で日光を集めたときの明るさやあたたかさの変化を，比較して調べることができる。

》思考・判断・表現

○日光の進み方について，生活のなかで経験したことなどから予想を立てることができる。

○予想を確かめるための実験計画を立てることができる。

○鏡に反射した日光がつくる道筋を，日光の進み方と関係づけて考えることができる。

》主体的に学習に取り組む態度　※「主体的に学習に取り組む態度」は方向目標を示しています。

○光の性質について粘り強く追究する活動を通して，日光をたくさん集めると物はより明るくあたたかくなることを知り，まとめようとする。

評価規準

》知識・技能

○日光はまっすぐに進み，日光が当たったところは，明るくあたたかくなることを理解している。

○日光は集めたり，鏡で反射させたりできることを理解している。

○日光を集めたときのあたたかさを調べ，正確に記録している。

○鏡や虫眼鏡を適切に扱い，安全に実験を行っている。

○鏡で反射した日光を集めたり，虫眼鏡で日光を集めたりしたとき，より明るく，よりあたたかくなることを理解している。

● 対応する学習指導要領の項目：A(3) ア (ア)(イ)

》思考・判断・表現

○日光と明るさやあたたかさとの関係について考察し，その関係を自分の言葉で表現している。

○日光の進み方について問題をつくり，的当て遊びをしたときや木漏れ日を見た経験などから予想を立てている。

○日光と明るさやあたたかさとの関係を表に整理し，鏡の枚数と明るさやあたたかさの変化との関係を考えている。

○立てた予想を発表したり，文章にまとめたりしている。

○友だちの意見を聞いて，自分の予想の妥当性について考えている。

○予想を確かめるための実験を計画している。

○鏡の枚数を変える実験結果から，日光を集めるとより明るく，よりあたたかくなることを導き出している。

● 対応する学習指導要領の項目：A(3) イ

≫主体的に学習に取り組む態度

○日光の進み方を調べる実験計画について，友だちとの話し合いを通して自らの考えを見直している。

○日光と明るさやあたたかさとの関係について問題を見つけ，自分なりの予想を立てて実験している。

○光の性質の学習で，わかったこととまだわからないこと，できるようになったこととまだできないことが何かを，自分で考えている。

学習活動

小単元名	時数	学習活動	見方・考え方
○導入	1	○鏡ではね返した日光を利用した的当て遊びをして，気づいたことを話し合う。 ・日陰にある壁に的を作って，鏡ではね返した日光を当てる的当て遊びをする。 ・的当て遊びで気づいたことや，身の回りで見られる日光について，気づいたことを話し合い，問題を見つける。	量的・関係的　比較 関係付け
1. はね返した日光の進み方	2	○はね返した日光の進み方を調べる。 ・日光はまっすぐに進む性質があることと，鏡ではね返すことができることを理解する。 ・はね返した日光の進み方を予想し，確かめるための実験の計画を立てる。 ・鏡を使って，はね返した日光がどのように進むのか調べる。 ・はね返した日光は直進することを理解する。 ・はね返した日光が重なったところがあたたかく感じたことに興味をもち，次の学習につなげる。	量的・関係的　比較 関係付け
2. はね返した日光を重ねたとき	2	○はね返した日光を重ねて当てたところの明るさやあたたかさについて調べる。 ・はね返した日光を重ねるとどうなるか予想する。 ・的を作って実験場所に置き，はね返した日光を当てる前の明るさや温度をあらかじめ調べておく。 ・鏡1枚ではね返した日光を当てたときと，鏡3枚ではね返した日光を重ねて当てたときの，明るさと温度を記録し，比べる。 ・実験結果から，はね返した日光を当てたところは，明るく，温度が高くなることを理解する。 ・実験結果から考察し，はね返した日光をたくさん重ねるほど，より明るく，あたたかくなることを導き出す。 ・もっと日光を集めるとどうなるのか，次の学習につなげる。	量的・関係的　比較 関係付け
3. 日光を集めたとき	2	○虫眼鏡で日光を集めたときのようすを調べる。 ・虫眼鏡を使うと日光を集められることを理解し，虫眼鏡を使って日光を集めるとどうなるか予想する。 ・虫眼鏡で黒い紙に日光を集め，虫眼鏡の距離を変化させて，日光を集めるところの大きさを変える。 ・日光を集めるところを小さくすると，より明るくなり，煙が出て紙が焦げたことから，小さくするほど明るく，熱くなることを理解する。	量的・関係的　比較 関係付け
○たしかめよう	1	○光の性質について学んだことを生かして問題を解く。	量的・関係的 多面的に考える

38

| 3年 | 啓林 | 教科書：p.112〜123　配当時数：7時間　配当月：12月 |

8. 電気で明かりをつけよう

内容の区分　A 物質・エネルギー

関連する道徳の内容項目　D 自然愛護

到達目標

》知識・技能
○電気の通り道が1つの輪のようになっているときに電気が通るということがわかる。
○金属は電気を通すことがわかる。
○電気の回路を正しく作ることができる。
○電気を通す物と通さない物を調べる実験を，安全に行うことができる。
○電気を通す物と通さない物があることを，回路を使った実験を通して調べ，正確に分類することができる。

》思考・判断・表現
○電気を通す物と通さない物について，生活のなかで経験したことなどから予想を立てることができる。
○豆電球に明かりがつくときとつかないときを比較して，それらの違いが電気の通り道に関係していると考えることができる。
○豆電球に明かりがつくかどうかということと回路を関係づけてとらえ，その関係を表を使ってわかりやすくまとめることができる。

》主体的に学習に取り組む態度　※「主体的に学習に取り組む態度」は方向目標を示しています。
○電気の通り道について粘り強く追究する活動を通して，金属は電気を通すことを知り，まとめようとする。

評価規準

》知識・技能
○回路についてわかり，金属が電気を通すことを理解している。
○豆電球と乾電池，導線を正しくつないでいる。
○乾電池や豆電球，ソケットなどを正しく扱い，安全に実験を行っている。
○豆電球に明かりのつく回路を調べ，その回路を図でわかりやすく記録している。

　　　　　　　　　　　　　　　　　　　　　　　●対応する学習指導要領の項目：A(5) ア (ア)(イ)

》思考・判断・表現
○身の回りで使われている電気について，問題を見つけている。
○電気を通す物と通さない物について，これまでに学習したことや生活経験などから予想を立てている。
○立てた予想を発表したり，文章にまとめたりしている。
○友だちの意見を聞いて，自分の予想の妥当性について考えている。
○豆電球に明かりがつくかどうかということと回路を関係づけて考え，それを言葉でわかりやすく表現している。
○電気を通す物の共通点や電気を通す物と通さない物の差異点に気づき，電気を通す物についてまとめている。

　　　　　　　　　　　　　　　　　　　　　　　　　　　●対応する学習指導要領の項目：A(5) イ

≫主体的に学習に取り組む態度

○どのような物が電気を通すのかということに関心をもって調べ，見いだしたことを生活に生かそうとしている。

○電気を通す物と通さない物を調べる実験で，積極的に調べたり，結果を粘り強く分類・整理している。

○電気の通り道の学習で，わかったこととまだわからないこと，できるようになったこととまだできないことが何かを，自分で考えている。

学習活動

小単元名	時数	学習活動	見方・考え方
○導入	1	○教科書 P.112，113 の明かりの写真を見て，気づいたことを話し合う。	量的・関係的　比較 関係付け
1. 明かりがつくとき	2	○豆電球に明かりがつくつなぎ方を調べる。 ・豆電球と乾電池を導線でつなぐと豆電球に明かりがつくことを理解する。 ・いろいろなつなぎ方で豆電球と乾電池を導線でつないで，明かりがつくつなぎ方とつかないつなぎ方で分けて記録する。 ・明かりがついたつなぎ方と，つかなかったつなぎ方の違いを考察する。 ・乾電池の＋極，豆電球，乾電池の－極を輪になるように導線でつなぐと，豆電球に明かりがつくことを導き出す。 ・輪のようになっている電気の通り道を回路ということを理解する。	量的・関係的　比較 関係付け
2. 電気を通すもの	3	○電気を通す物と通さない物を調べる。 ・電気を通す物と通さない物があることを理解し，電気を通す物と通さない物を予想し，表にする。 ・調べる物を回路につないで調べ，電気を通すかどうかを記録する。 ・実験の結果を予想と比べながら，どのような物が電気を通すのか，話し合って考える。 ・銅，鉄，アルミニウムなどを金属といい，金属は電気を通す性質があることを理解する。 ・ガラス，プラスチック，紙，木などは，電気を通さないことを理解する。	量的・関係的　比較 関係付け
○たしかめよう	1	○電気の通り道について学んだことを生かして問題を解く。	量的・関係的 多面的に考える

| 3年 | 啓林 |

教科書：p.124〜137　配当時数：8時間　配当月：1月

9. じしゃくのふしぎ

内容の区分　A 物質・エネルギー

関連する道徳の内容項目　A 希望と勇気，努力と強い意志　C 家族愛，家庭生活の充実／国際理解，国際親善

到達目標

≫知識・技能

○鉄は磁石に引きつけられることがわかる。

○磁石と鉄との間が離れていても，磁石は鉄を引きつけることがわかる。

○磁石に極があることと，磁石の極性がわかる。

○鉄は磁石に近づけると磁石のはたらきをもつようになることがわかる。

○鉄くぎや方位磁針などを適切に扱い，磁石に近づけた鉄が磁石になるのかどうかを調べる実験を安全に行うことができる。

○磁石の鉄を引きつける力は，磁石と鉄の距離が関係していることがわかる。

≫思考・判断・表現

○磁石に引きつけられる物と引きつけられない物について，生活のなかで経験したことなどから，予想を立てることができる。

○磁石に引きつけられる物と引きつけられない物を比較して，それらの違いを材質と関係づけて考えることができる。

○間に紙などをはさんでも磁石が鉄を引きつけることから，磁石と鉄が離れていても鉄を引きつける力がはたらいていると考えることができる。

○磁石の同極どうし，異極どうしを近づけたときのようすを，言葉でわかりやすくまとめることができる。

≫主体的に学習に取り組む態度　※「主体的に学習に取り組む態度」は方向目標を示しています。

○磁石の性質について粘り強く追究する活動を通して，磁石の鉄を引きつける力には磁石と鉄との距離が関係していることを知り，まとめようとする。

評価規準

≫知識・技能

○磁石は鉄を引きつけることと，磁石にはN極とS極があることを理解している。

○磁石と鉄との間に磁石に引きつけられない紙などをはさんでも，磁石は鉄を引きつけることを理解している。

○磁石の異極どうしは引き合い，同極どうしは退け合うことを理解している。

○実験の結果をわかりやすく記録している。

○磁石の極性を調べ，その結果を正確に記録している。

○棒磁石や方位磁針を正しく扱い，安全に実験を行っている。

● 対応する学習指導要領の項目：A(4) ア (ア)(イ)

≫思考・判断・表現

○磁石に引きつけられる物の共通点や引きつけられない物との差異点について考察し，問題を解決している。

○磁石に引きつけられる物と引きつけられない物について，磁石を使ったときの経験などから予想を立てている。

○立てた予想を発表したり，文章にまとめたりしている。

○友だちの意見を聞いて，自分の予想の妥当性について考えている。

○磁石が鉄を引きつける力の変化を，磁石と鉄との距離に着目して考えている。

○磁石の極どうしを近づける実験で，同極どうしか異極どうしかを関係づけて考え，それを言葉でわかりやすく表現している。

➡ 対応する学習指導要領の項目：A(4) イ

≫主体的に学習に取り組む態度

○磁石に引きつけられる物と引きつけられない物について問題を見つけ，自分なりの予想を立てて実験している。

○磁石の性質の学習で，わかったこととまだわからないこと，できるようになったこととまだできないことが何かを，自分で考えている。

関連する既習内容

学年		内容
3	年	電気の通り道

学習活動

小単元名	時数	学習活動	見方・考え方
○導入	1	○磁石を身の回りの物に近づけ，気づいたことを話し合う。	量的・関係的　比較 関係付け
1. じしゃくにつくもの	4	○磁石につく物とつかない物を調べる。 ・磁石につく物を，磁石を身の回りの物に近づけたときのようすや，電気の通り道で学んだことから予想する。 ・電気を通す物を調べたときと同じ物を調べ，予想と結果を表にする。 ・調べる物を磁石に近づけてつくかどうか記録し，つく物とつかない物を分類して整理する。 ・結果を予想と比べながら，磁石につくのはどのような物か考察して話し合う。 ・鉄でできている物は，磁石につくことと，鉄以外の金属は磁石につかないことを理解する。 ・ガラス，プラスチック，紙，木，ゴムなどは，磁石につかないことを理解する。 ・磁石についたプラスチックは，その中に鉄が入っていることと，磁石と鉄が直接触れていなくても引きつけられることを理解する。 ・磁石の鉄を引きつける力は，磁石と鉄の距離が関係していて，磁石に近いほど鉄を引きつける力が強いことを理解する。	量的・関係的　比較 関係付け

2. じしゃくのきょく	1	○磁石の極性を調べる。 ・磁石の鉄を引きつける力が最も強い部分を極といい，N極とS極があることを理解する。 ・磁石の極どうしを近づけたときのようすを調べ，その記録をまとめる。 ・実験から，同極どうしの場合は退け合うことと，異極どうしの場合は引き合うことを導き出す。	量的・関係的　比較 関係付け
3. じしゃくについた鉄	1	○鉄は，磁石に近づけると磁石になるのかを調べる。 ・磁石についた鉄くぎにつながってつく鉄くぎがあることから，磁石についた鉄くぎは磁石になるのかという問題を見つけ，実験で確かめる。 ・鉄くぎの頭をしばらく極につけ，その後に鉄のゼムクリップや方位磁針に近づけてようすを調べる。 ・実験の結果を考察し，鉄くぎは磁石になったといえるか話し合う。 ・鉄は磁石につくと，磁石になることを理解する。	量的・関係的　比較 関係付け
○たしかめよう	1	○磁石の性質について学んだことを生かして問題を解く。	量的・関係的 多面的に考える

3年

| 3年 | 啓林 |

教科書：p.140〜149　配当時数：6時間　配当月：2月

10. 音のせいしつ

| 内容の区分 | A 物質・エネルギー

| 関連する道徳の内容項目 | C 伝統と文化の尊重，国や郷土を愛する態度　D 自然愛護

到達目標

≫知識・技能

○音が出ているときは物が震えていることがわかる。

○音の大きさが変化すると物の震え方が変わることがわかる。

○音の大きさと物の震え方との関係を調べる実験を，安全に行うことができる。

○音の大きさを変えたときの物の震え方のようすの違いを，正確に記録することができる。

≫思考・判断・表現

○音の大きさを変化させたときの物の震えるようすについて，生活のなかで経験したことなどから予想を立てることができる。

○音の大きさと物の震え方のようすを関係づけてとらえ，その関係を表を使ってわかりやすくまとめることができる。

≫主体的に学習に取り組む態度　※「主体的に学習に取り組む態度」は方向目標を示しています。

○音の性質について粘り強く追究する活動を通して，物の震え方の変化には音の大きさが関係していることを知り，まとめようとする。

評価規準

≫知識・技能

○物が震えることで音が伝わることを理解している。

○音が大きいときは物の震え方が大きく，音が小さいときは物の震え方が小さいことを理解している。

○物の震え方の変化を調べて正確に記録している。

○楽器や身の回りの物を正しく扱い，音を出す実験を安全に行っている。

●対応する学習指導要領の項目：A(3) ア (ウ)

≫思考・判断・表現

○楽器や身の回りの物で音を出して，問題を見つけている。

○音の大きさと物が震えるようすとの関係について，音楽の授業で太鼓を使ったときの経験などから予想を立てている。

○音の大きさと物が震えるようすとの関係を表に整理して，わかりやすく説明している。

○友だちの意見を聞いて，自分の予想の妥当性について考えている。

○音の大きさを変える実験結果から，音の大きさを変えると物の震え方も変わることを導き出している。

●対応する学習指導要領の項目：A(3) イ

≫主体的に学習に取り組む態度

○音の大きさと物が震えるようすとの関係を調べる実験計画について，友だちとの話し合いを通して自らの考えを見直している。

○音の大きさと物が震えるようすとの関係について問題を見つけ，自分なりの予想を立てて実験している。

○音の性質の学習で，わかったこととまだわからないこと，できるようになったこととまだできないことが何かを，自分で考えている。

学習活動

小単元名	時数	学習活動	見方・考え方
○導入	1	○楽器や身の回りの物で音を出し，気づいたことを話し合う。 ・打楽器をたたいたり，輪ゴムを指で弾いたりして音を出し，そのときのようすで気づいたことを話し合い，問題を見つける。	量的・関係的　比較 関係付け
1. 音が出ているとき	2	○音が出ているときの物のようすを，音の大きさと物の震え方の関係に着目して調べる。 ・音が出ているときの物のようすがどうなっているのか，トライアングルで調べる。 ・トライアングルをたたいて音を出し，音が出ていないときと，出ているときのようすを比べる。 ・トライアングルをたたいて音を出し，震えを止めるとどうなるかようすを調べる。 ・トライアングルを強くたたいたり弱くたたいたりして，大きい音を出したときと小さい音を出したときのようすを指で触れて比べる。 ・物から音が出ているときは，物は震えていることと，震えを止めると音が聞こえなくなることを理解する。 ・実験結果から，音の大きさが変わると物の震え方が変わることを導き出す。 ・音が大きいときは物の震え方が大きく，音が小さいときは物の震え方が小さいことを理解する。	量的・関係的　比較 関係付け
2. 音がつたわるとき	2	○音が伝わるときの物のようすを調べる。 ・糸電話を作り，友だちと話しながら糸に触れたり糸をつまんだりしてようすを調べる。 ・実験結果から，音が伝わるときは，音を伝えている物が震えていることを導き出す。 ・物が震えることで音が伝わり，震えを止めると音は伝わらないことを理解する。	量的・関係的　比較 関係付け
○たしかめよう	1	○音の性質について学んだことを生かして問題を解く。	量的・関係的 多面的に考える

| 3年 | 啓林 |

教科書：p.150〜159　配当時数：7時間　配当月：2〜3月

11. ものと重さ

| 内容の区分 | A 物質・エネルギー

| 関連する道徳の内容項目 | C 伝統と文化の尊重，国や郷土を愛する態度

到達目標

≫知識・技能

○物は，形が変わっても重さが変わらないことがわかる。

○物は，体積が同じでも種類が違うと重さが違うことがわかる。

○物の形を変えたときの重さを，正確に記録することができる。

○物の種類による重さの違いを調べる実験を，安全に行うことができる。

≫思考・判断・表現

○物の形を変えたときの重さについて，生活のなかで経験したことなどから予想を立てることができる。

○予想を確かめるための実験計画を立てることができる。

○物の種類と重さとの関係を調べる実験の結果をわかりやすくまとめることができる。

≫主体的に学習に取り組む態度　　※「主体的に学習に取り組む態度」は方向目標を示しています。

○物の重さについて粘り強く追究する活動を通して，物は形が変わっても重さは変わらないことを知り，まとめようとする。

評価規準

≫知識・技能

○物の形を変えても，物の重さは変わらないことを理解している。

○同体積でも，物の種類が違うと重さも変わることを理解している。

○実験の結果を，表に整理してわかりやすく記録している。

○はかりを正しく扱い，物の重さを正確にはかっている。

● 対応する学習指導要領の項目：A(1) ア (ア)(イ)

≫思考・判断・表現

○物の形と重さとの関係や，物の種類と重さとの関係について考察し，その考察内容をわかりやすく表現している。

○物の形と重さとの関係について，体重計の上で姿勢を変えたときの経験などから予想を立てている。

○立てた予想を発表したり，文章にまとめたりしている。

○友だちの意見を聞いて，自分の予想の妥当性について考えている。

○予想を確かめるための実験を計画している。

○種類の違う同体積の物の重さを調べる実験結果から，体積が同じでも種類が違うと重さが違うことを導き出している。

● 対応する学習指導要領の項目：A(1) イ

》主体的に学習に取り組む態度

○物の形を変えたときの重さを調べる実験計画について，友だちとの話し合いを通して自らの考えを見直している。

○物の種類とその重さとの関係について問題を見つけ，自分なりの予想を立てて実験している。

○物の重さの学習で，わかったこととまだわからないこと，できるようになったこととまだできないことが何かを，自分で考えている。

学習活動

小単元名	時数	学習活動	見方・考え方
○導入	1	○身の回りの物を手に持って，その重さや大きさなどで気づいたことを話し合う。 ・体重計に乗ったときに姿勢を変えると体重も変わるか考えてみる。	質的・実体的　比較
1. ものの形と重さ	2	○物の形を変えると，重さがどうなるのかを調べる。 ・アルミニウム箔は丸める前と後で重さが変わるのかなど，生活のなかで感じたことから問題を見いだす。 ・物の形が変わると重さは変わるのかを調べるため，台ばかりを使った実験の計画を立てる。 ・台ばかりの使い方を理解する。 ・もとの粘土の重さをはかってから，粘土をいろいろな形に変えて重さをはかり，記録カードにかいて，もとの粘土の重さと比べる。 ・実験の結果から，形を変えても，物の重さは変わらないことを理解する。 ・形と大きさが似ている，アルミニウムと鉄の空き缶の重さが違うように感じたことから，次の学習へつなげる。	質的・実体的　比較 関係付け
2. ものの体積と重さ	3	○種類が違う同じ体積の物の重さを調べる。 ・物の大きさ(かさ)のことを体積ということを理解する。 ・体積が同じでも，物の種類が異なると重さは違うのか，予想を立てて実験の計画を立てる。 ・同じ体積の鉄やゴム，木などのおもりを用意し，まず手で持って重く感じた順に並べ，次に1つずつ台ばかりで重さをはかって記録する。 ・実験の結果，手では違いがわかりにくかった物も，台ばかりではかると重さにはっきりと違いがあることを理解する。 ・実験の結果からどのようなことがいえるか，体積という言葉を使って考える。 ・体積が同じでも，物の種類が異なると重さは違うことを理解する。	質的・実体的　比較
○たしかめよう	1	○物の重さについて学んだことを生かして問題を解く。	質的・実体的 多面的に考える

| 4年 | 啓林 | 教科書：p.6〜17　配当時数：9時間　配当月：4〜5月 |

季節と生き物 (1)

1. 春の生き物

内容の区分　B 生命・地球

関連する道徳の内容項目　D 生命の尊さ／自然愛護

到達目標

》知識・技能

○春になり，いろいろな動物や植物が見られるようになったことがわかる。

○校庭などの屋外で生物を安全に観察することができる。

○動物や植物のようすを適切に記録カードに記録することができる。

》思考・判断・表現

○季節と生物のようすの関係について，今までの経験などから根拠のある予想や仮説を立てることができる。

○1年間の生物のようすを観察する計画を立てることができる。

○動物や植物のようすを観察して，季節と生物のようすの変化を関係づけて考えることができる。

》主体的に学習に取り組む態度　※「主体的に学習に取り組む態度」は方向目標を示しています。

○春の動物や植物のようすを観察して，気づいたことをわかりやすく発表しようとする。

○春の動物や植物のようすに関心をもち，粘り強く観察しようとする。

評価規準

》知識・技能

○春になって，植物が発芽したり花を咲かせたり，動物が活動し始めたりすることを理解している。

○気温と水温の測り方を理解している。

○屋外で動物や植物を安全に観察している。

○虫眼鏡や双眼鏡など，観察するための道具を安全に取り扱っている。

○記録カードのかき方を理解し，観察した生物のようすを正確に記録している。

●対応する学習指導要領の項目：B(2) ア (ア)(イ)

》思考・判断・表現

○春の生物のようすと季節を関連づけて考え，言葉でわかりやすく表現している。

○春の生物のようすについて，観察した結果をもとに発表し合い，季節と生物のようすの関係について多面的に考察している。

●対応する学習指導要領の項目：B(2) イ

≫主体的に学習に取り組む態度

○春の生物のようすに関心をもって，積極的に観察しようとしている。

○季節と生物のようすの関係を調べる観察計画について，友だちとの話し合いを通して自らの考えを見直している。

○生物に関心をもって，大切にしようとしている。

○春の生物のようすの学習で，わかったこととまだわからないこと，できるようになったこととまだできないことが何かを，自分で考えている。

関連する既習内容

学年	内容
3 年	身の回りの生物

学習活動

小単元名	時数	学習活動	見方・考え方
○導入	1	○サクラの咲く春のようすの写真を見て，気づいたことを話し合う。 ・春になって，身の回りの動物や植物のようすが，冬と比べてどのように変わってきたか話し合う。	共通性・多様性　比較 関係付け
○1年間の観察のしかた	1	○生き物を1年間観察する計画を立てる。 ・今までの経験を生かして，学校や身の回りの，どこにどのような生き物がいるかを調べ，生き物の名前といる場所を書く。 ・1年間続けて観察する生き物と観察する場所，その生き物について調べることを決める。 ・生き物を観察し，記録カードに記録する。 ・気温や水温の測り方，記録カードのかき方を確認する。	共通性・多様性　比較 多面的に考える
1. 生き物のようす	3	○1年間観察することに決めた生き物の春のようすを観察する。 ・調べる植物のそばで気温を測り，虫眼鏡を使ってようすを観察し，記録カードにかく。 ・調べる動物のそばで気温や水温を測り，虫眼鏡を使ってようすを観察し，記録カードにかく。 ・春は，植物が花を咲かせたり，動物が活動を始めたりする季節であることを理解する。	共通性・多様性　比較 関係付け
2. 植物を育てよう	2	○植物を育て，季節とともに成長するようすを観察する。 ・ヒョウタンなどのたねをまき，芽が出たら1週間おきに観察して，成長のようすと気温を記録カードにかく。	共通性・多様性　比較 関係付け
3. 春の記録をまとめよう	2	○春の生き物のようすを観察した記録をまとめる。 ・記録カードをもとに，観察した春の生き物のようすを友だちと話し合う。	共通性・多様性　比較 関係付け

| 4年 | 啓林 | 教科書：p.18〜25　配当時数：6時間　配当月：5月 |

2. 天気と1日の気温

内容の区分　B 生命・地球

到達目標

≫知識・技能
○1日の気温の変化の仕方は，天気によって違いがあることがわかる。
○晴れの日は1日の気温の変化が大きく，曇りや雨の日の気温の変化は小さいことがわかる。
○気温を正しく測り，その変化を表に記録することができる。

≫思考・判断・表現
○天気と気温との関係について，今までの経験などから根拠のある予想を立てることができる。
○1日の気温の変化を天気と関係づけてとらえ，晴れの日と，曇りや雨の日の1日の気温の変化について，折れ線グラフを使ってわかりやすくまとめることができる。

≫主体的に学習に取り組む態度　※「主体的に学習に取り組む態度」は方向目標を示しています。
○天気と気温について粘り強く追究する活動を通して，1日の気温の変化には天気が関係していることを知り，天気による1日の気温の変化の違いをまとめようとする。

評価規準

≫知識・技能
○天気によって，1日の気温の変化の仕方に違いがあることを理解している。
○晴れの日と，曇りや雨の日の1日の気温の変化の特徴を理解している。
○直射日光を避けた温度計や百葉箱などを利用して，気温を正しく測っている。
○晴れの日と，曇りや雨の日の1日の気温の変化を，表や折れ線グラフに記録している。

● 対応する学習指導要領の項目：B(4) ア (ア)

≫思考・判断・表現
○1日の気温の変化と天気とを関係づけて考え，わかりやすく表や折れ線グラフなどに表している。
○立てた予想を発表している。
○友だちの意見を聞いて，自分の予想の妥当性について考えている。
○1日の気温の変化について，観察した結果をもとに，天気と1日の気温の変化との関係について多面的に考察している。
○考察から，晴れの日は1日の気温の変化が大きく，曇りや雨の日は1日の気温の変化が小さいことを導き出している。

● 対応する学習指導要領の項目：B(4) イ

≫主体的に学習に取り組む態度
○天気と気温の関係について，自分なりに根拠のある予想を立てて観察している。
○天気と気温の学習で，わかったこととまだわからないこと，できるようになったこととまだできないことが何かを，自分で考えている。

関連する既習内容

学年		内容
3	年	太陽と地面の様子

学習活動

小単元名	時数	学習活動	見方・考え方
○導入	1	○天気と1日の気温の変化について話し合う。 ・教科書 P.18，19 の晴れの日と雨の日の写真を見て，天気と1日の気温の変化について気づいたことを話し合う。	時間的・空間的　比較
1.1 日の気温の変化	4	○晴れの日と，曇りや雨の日との，1日の気温の変化の違いについて調べる。 ・晴れの日と，曇りや雨の日では，1日の気温の変化はどのように違うのか，経験から予想する。 ・晴れの日と，曇りや雨の日の気温を，場所を決めて1時間ごとに測って記録する。 ・折れ線グラフのかき方と読み方を理解する。 ・晴れと曇りの天気の決め方と，気温の測り方を理解する。 ・記録した気温の変化を折れ線グラフに表す。 ・1日の気温は天気によって変化の仕方が違い，晴れの日は変化が大きく，曇りや雨の日は変化が小さいことを理解する。	時間的・空間的　比較 関係付け
○たしかめよう	1	○天気と気温について学んだことを生かして問題を解く。	時間的・空間的 多面的に考える

4年

| 4年 | 啓林 |

教科書：p.26〜31　配当時数：6時間　配当月：5〜6月

自然の中の水のゆくえ (1)

● 地面を流れる水のゆくえ

内容の区分　B 生命・地球

関連する道徳の内容項目　D 生命の尊さ

到達目標

≫知識・技能

○水は高い所から低い所へと流れて集まることがわかる。

○水の染み込み方は，土の粒の大きさによって違いがあることがわかる。

○土の粒の大きさと水の染み込み方を調べる実験を適切に行い，その結果を記録することができる。

≫思考・判断・表現

○地面を流れる水の流れ方について，これまでの学習や経験から，根拠のある予想や仮説を立てることができる。

○水の流れる方向と地面の傾きを関係づけてとらえ，その関係を図や言葉でまとめることができる。

≫主体的に学習に取り組む態度　※「主体的に学習に取り組む態度」は方向目標を示しています。

○地面を流れる水のゆくえについて粘り強く追究する活動を通して，水は土の粒の大きさによって染み込み方が違うことを知り，まとめようとする。

評価規準

≫知識・技能

○水は高い所から低い所へと流れて集まることを理解している。

○水の染み込み方は，土の粒の大きさによって違いがあることを理解している。

○土の粒の大きさと水の染み込み方を調べる実験を適切に行い，その結果を記録している。

● 対応する学習指導要領の項目：B(3) ア (ア)(イ)

≫思考・判断・表現

○水の染み込み方と土の粒の大きさの違いを関係づけてとらえ，その関係を言葉でわかりやすく表現している。

○地面を流れる水の流れ方について，これまでの学習や経験から，根拠のある予想や仮説を立てている。

○立てた予想を発表したり，文章にまとめたりしている。

○友だちの意見を聞いて，自分の予想の妥当性について考えている。

● 対応する学習指導要領の項目：B(3) イ

≫主体的に学習に取り組む態度

○水たまりのできている地面とできていない地面のようすから，水の染み込み方について，問題を見つけている。

○土の粒の大きさと水の染み込み方を調べる実験を行うとき，根拠のある予想・仮説を立て，実験結果から自分の考えをまとめている。

○地面を流れる水のゆくえの学習で，わかったこととまだわからないこと，できるようになったこととまだできないことが何かを，自分で考えている。

学習活動

小単元名	時数	学習活動	見方・考え方
○地面を流れる水のゆくえ①	2	○水の流れと地面の傾きの関係を調べる。 ・教科書 P.26 の雨が降ったときの校庭の地面のようすの写真を見て，気づいたことを話し合う。 ・水の流れのある所で地面の傾きを調べ，水の流れの向きと地面の傾きの向きを記録する。 ・観察の結果を記録カードに記録し，水は地面の高い所から低い方に向かって流れていることを理解する。	時間的・空間的 関係付け
○地面を流れる水のゆくえ②	3	○土の種類と水の染み込み方の関係を調べる。 ・低い所へ流れた水が，たまっている所となくなっている所があるという問題を見つけ，水の染み込み方に着目する。 ・土の種類が違う場所で水の染み込み方が変わることを理解する。 ・土の種類と水の染み込み方にどのような関係があるか，話し合って予想する。 ・土の粒の大きさと水の染み込み方を調べる実験をする。 ・校庭や砂場で採取してきたいろいろな種類の土を，虫眼鏡で見たり，手触りを確かめたりして比べる。 ・ペットボトルで作った装置に，それぞれ粒の大きさの違う土を入れ，同時に同じ量の水を注ぎ，染み込み方を比較する。 ・結果から，土の粒が大きくなるほど，水が染み込みやすくなることを理解する。	時間的・空間的　比較 関係付け
○地面や水とわたしたちのくらし	1	○地面に染み込んだ水は災害をもたらすこともあるが，多くの恵みをもたらしていることを理解する。	時間的・空間的 多面的に考える

4年

53

| 4年 | 啓林 |

教科書：p.32〜43　配当時数：8時間　配当月：6月

3. 電気のはたらき

内容の区分　A 物質・エネルギー

到達目標

》知識・技能

○電流，直列つなぎ，並列つなぎについてわかる。

○乾電池をつなぐ向きを変えると，電流の向きが変わることがわかる。

○乾電池の数やつなぎ方を変えると，電流の大きさが変わることがわかる。

○回路を正しく作ることができ，乾電池や簡易検流計を使った実験を安全に行うことができる。

》思考・判断・表現

○モーターを速く回す方法について，これまでの学習や経験から，根拠のある予想や仮説を立てることができる。

○予想や仮説を確かめるための実験計画を立てることができる。

○複数の実験の結果から論理的に思考し，結論を導き出すことができる。

○乾電池をつなぐ向きと電流の向きとを関係づけてとらえ，その関係を図や言葉などでわかりやすくまとめることができる。

》主体的に学習に取り組む態度　　※「主体的に学習に取り組む態度」は方向目標を示しています。

○電流のはたらきについて粘り強く追究する活動を通して，電流の大きさには乾電池のつなぎ方が関係していることを知り，まとめようとする。

評価規準

》知識・技能

○回路を流れる電気の流れを電流ということを理解している。

○2つの乾電池のつなぎ方には，直列つなぎと並列つなぎがあることを理解している。

○簡易検流計の使い方を理解している。

○2つの乾電池を正しくつないで，電流の実験を安全に行っている。

○乾電池の向きを変えると電流の向きが変わり，モーターの回転が逆になることを理解している。

○乾電池の数やつなぎ方を変えると電流の大きさが変わり，モーターの回転の速さや豆電球の明るさが変わることを理解している。

● 対応する学習指導要領の項目：A(3) ア (ア)

≫思考・判断・表現

○乾電池のつなぎ方と電流の大きさとの関係について，乾電池の数やつなぎ方によってモーターの回転の速さが変わったことから，根拠のある予想や仮説を立てている。

○立てた予想を発表したり，文章にまとめたりしている。

○友だちの意見を聞いて，自分の予想の妥当性について考えている。

○予想を確かめるための実験を計画している。

○乾電池をつなぐ向きを変える実験結果から，乾電池をつなぐ向きを変えると電流の向きも変わることを導き出している。

○回路に流れる電流の大きさとモーターの回る速さや豆電球の明るさを関係づけて考え，それを図や言葉でわかりやすく表現している。

○乾電池，スイッチ，豆電球，モーターの電気用図記号を知り，その記号を使って回路図に表している。

●対応する学習指導要領の項目：A(3) イ

≫主体的に学習に取り組む態度

○乾電池をつなぐ向きと電流の向きとの関係について問題をつかみ，根拠のある予想・仮説を立てて実験し，結果から自分の考えをまとめている。

○乾電池の数やつなぎ方と，モーターの回る速さとの関係を調べる実験計画について，友だちとの話し合いを通して自らの考えを見直している。

○電流のはたらきの学習で，わかったこととまだわからないこと，できるようになったこととまだできないことが何かを，自分で考えている。

関連する既習内容

学年		内容
3	年	電気の通り道

学習活動

小単元名	時数	学習活動	見方・考え方
○導入	1	○乾電池とモーターを使って，おもちゃの扇風機を作る。 ・おもちゃの扇風機を作って動かし，気づいたことを記録する。 ・扇風機のプロペラを速く回すためには，どうしたらよいか考えてみる。	量的・関係的　比較

1. かん電池のはたらき①	3	○乾電池をつなぐ向きとモーターの回る向きとの関係について調べる。（実験1） ・おもちゃの扇風機を動かして気づいたことなどを話し合う。 ・風がこちらに来ないプロペラがあったことから，乾電池をつなぐ向きとモーターの回る向きとの関係について問題を見つける。 ・乾電池で作った回路は，＋極からモーターを通って－極へ電気が流れることを理解する。 ・回路を流れる電気の流れを電流ということを理解する。 ・簡易検流計の使い方を理解する。 ・乾電池をつなぐ向きと，モーターの回る向きの関係を予想し調べる。 ・乾電池・モーター・簡易検流計を銅線でつなぎ，針の振れる向きとモーターの回る向きを調べて記録する。 ・乾電池をつなぐ向きを変えて，同様に調べて記録する。 ・実験の結果を考察し，モーターの回る向きは，乾電池のつなぎ方による電流の向きによって変わることを導き出す。 ・乾電池をつなぐ向きを変えると回路に流れる電流の向きが変わり，モーターの回る向きも変わることを理解する。 ・電気用図記号を使った回路の表し方を理解する。	量的・関係的　比較 関係付け
1. かん電池のはたらき②	2	○乾電池とモーターの回る速さについて調べる。（実験2） ・モーターをもっと速く回すにはどうすればよいかを話し合い，予想をして実験の計画を立てる。 ・乾電池1個とモーターをつなぎ，モーターの回る速さを調べる。 ・乾電池2個をつなぎ方を考えてモーターとつなぎ，モーターの回る速さを記録する。 ・乾電池2個のつなぎ方には，直列つなぎと並列つなぎがあることを理解する。 ・直列つなぎの方が，モーターが速く回ることを理解する。 ・実験の結果から，直列つなぎの方がモーターが速く回ったのはなぜか考える。	量的・関係的　比較 関係付け／条件制御
1. かん電池のはたらき③	1	○乾電池と電流の大きさの関係について調べる。（実験3） ・乾電池1個とモーター，簡易検流計をつなぎ，電流の大きさを調べる。 ・乾電池2個を，直列つなぎと並列つなぎにしたときの電流の大きさを，それぞれ調べて記録する。 ・実験2と3の結果から，乾電池のつなぎ方で電流の大きさが変わることで，モーターの回る速さが変わることを導き出す。 ・乾電池2個の直列つなぎは，乾電池1個のときよりも流れる電流は大きくなり，モーターが速く回ることを理解する。 ・乾電池2個の並列つなぎは，乾電池1個のときと流れる電流の大きさも，モーターの回る速度も変わらないことを理解する。	量的・関係的　比較 関係付け／条件制御
○たしかめよう	1	○電流のはたらきについて学んだことを生かして問題を解く。	量的・関係的 多面的に考える

4年　啓林　　　　　　　　　　　　　　　　　　教科書：p.44〜51　配当時数：4時間　配当月：7月

季節と生き物(2)

● 夏の生き物

内容の区分　B 生命・地球
関連する道徳の内容項目　D 生命の尊さ／自然愛護

到達目標

≫知識・技能
○春と夏の生物のようすの違いがわかる。
○校庭などの屋外で生物を安全に観察することができる。
○夏の動物や植物のようすを，記録カードに記入することができる。
○春から夏にかけての動物や植物のようすの変化と季節との関係がわかる。

≫思考・判断・表現
○サクラやヒョウタンなどのようすや，動物などの種類や数を観察し，図や言葉でまとめることができる。
○動物や植物のようすを観察して，季節と生物のようすの変化を関係づけて考えることができる。

≫主体的に学習に取り組む態度　※「主体的に学習に取り組む態度」は方向目標を示しています。
○夏の動物や植物のようすを観察して，気づいたことをわかりやすく発表しようとする。
○夏の動物や植物のようすに関心をもち，粘り強く観察しようとする。

評価規準

≫知識・技能
○夏になって，動物の活動が盛んになったり，植物が大きく成長したりすることを理解している。
○夏の生物のようすを安全に観察し，記録カードに正確に記録している。
　　　　　　　　　　　　　　　　　　　　　　　　　　　　● 対応する学習指導要領の項目：B(2) ア (ア)(イ)

≫思考・判断・表現
○夏の動物や植物のようすを図や言葉などでわかりやすく表現している。
○夏の生物のようすについて観察した結果をもとに発表し合い，季節と生物のようすの関係について多面的に考察している。
　　　　　　　　　　　　　　　　　　　　　　　　　　　　● 対応する学習指導要領の項目：B(2) イ

≫主体的に学習に取り組む態度
○夏の生物のようすに関心をもって，積極的に観察しようとしている。
○夏の生物のようすの学習で，わかったこととまだわからないこと，できるようになったこととまだできないことが何かを，自分で考えている。
○生物に関心をもって，大切にしようとしている。

関連する既習内容

学年		内容
3	年	身の回りの生物
4	年	季節と生物 (春)

学習活動

小単元名	時数	学習活動	見方・考え方
1. 生き物のようす	2	○夏の生き物のようすを観察する。 ・教科書 P.44，45 の夏のようすの写真を，教科書 P.6，7 の春の頃のようすの写真と見比べ，気づいたことを話し合う。 ・春に立てた生き物の 1 年間の観察計画を振り返る。 ・1 年間観察すると決めた生き物のようすを，春のようすと比べながら観察して，気温や水温とともに記録カードにかく。 ・夏の生き物のようすについて記録カードに記録し，春のようすとの違いを調べる。 ・夏は，春に比べて動物の活動が活発になり，植物が大きく成長することを理解する。 ・春に観察した動物や，夏になって初めて見つけた動物のようすを，気温や水温とともに記録カードにかく。	共通性・多様性　比較 関係付け
2. 植物を育てよう	1	○春にたねをまいた植物の成長のようすを観察する。 ・育てている植物のようすを観察し，気温とともに記録カードにかく。 ・夏の植物の成長のようすを春の頃の植物のようすと比較し，気づいたことを話し合う。 ・夏の植物のようすを観察した結果を，図や言葉でまとめる。 ・夏の植物は，春に比べて茎がよく伸びたり，葉が茂ったり，花も咲くなど大きく成長することを理解する。	共通性・多様性　比較 関係付け
3. 夏の記録をまとめよう	1	○夏の生き物のようすを観察した記録をまとめる。 ・記録カードをもとに，観察した夏の生き物のようすを友だちと話し合う。	共通性・多様性　比較 関係付け

4年　啓林　　　　　　　　　　　　　　教科書：p.52～57　配当時数：2時間　配当月：7月

空を見上げると (1)

● 夏の夜空

内容の区分　B 生命・地球

関連する道徳の内容項目　C 伝統と文化の尊重，国や郷土を愛する態度

到達目標

≫知識・技能
○星によって明るさや色に違いがあることがわかる。
○星座早見を使って，夏の大三角のアルタイル，デネブ，ベガ，さそり座のアンタレスを見つけることができる。
○夜，おとなと一緒に，安全に星を観察することができる。

≫思考・判断・表現
○夏の星を明るさや色に着目しながら観察して，気づいたことをわかりやすく発表できる。

≫主体的に学習に取り組む態度　※「主体的に学習に取り組む態度」は方向目標を示しています。
○星の明るさや色について粘り強く追究する活動を通して，星には明るさや色に違いがあることを知り，まとめようとする。

評価規準

≫知識・技能
○夏に見られる星や星座がわかり，星によって明るさや色に違いがあることを理解している。
○星座早見を正しく使って，星を探している。
○野外で星を観察する際に注意すべきことを理解している。
　　　　　　　　　　　　　　　　　　　　　　　　　　　　　● 対応する学習指導要領の項目：B(5) ア (イ)

≫思考・判断・表現
○星の明るさや色について調べたことを，言葉や図などを使ってわかりやすく表現している。
　　　　　　　　　　　　　　　　　　　　　　　　　　　　　● 対応する学習指導要領の項目：B(5) イ

≫主体的に学習に取り組む態度
○夏に見られる星や星座に興味をもち，進んで観察したり調べたりしている。

関連する既習内容

学年	内容
3 年	太陽と地面の様子 (日陰の位置と太陽の位置の変化)

学習活動

小単元名	時数	学習活動	見方・考え方
○夏の夜空	2	○夏の夜空の星を観察する。 ・星空の写真を見たり，夜空を眺めた経験から，星の明るさなど，気づいたことを話し合う。 ・星座の由来と，夏の大三角をつくる星(星座)について理解する。 ・星の明るさや色の違いに着目して星の観察を行い，星座早見を使って夏の大三角やさそり座などを探す。 ・観察の結果を記録カードに記録し，発表する。 ・星は，明るさや色に違いがあることを理解する。 ・星は明るい順に，1等星，2等星，3等星…と分けられていることを理解する。	時間的・空間的　比較

| 4年 | 啓林 | 教科書：p.60〜73　配当時数：7時間　配当月：9月 |

空を見上げると (2)

4. 月や星の動き

内容の区分　B 生命・地球

関連する道徳の内容項目　C 国際理解，国際親善

到達目標

≫知識・技能

○月は，見える形が変化することや，時刻によって位置が変わることがわかる。

○星は，時刻によって位置は変わるが，並び方は変わらないことがわかる。

○月や星を適切な方法で安全に観察し，記録することができる。

≫思考・判断・表現

○月や星の位置の変化について，これまでの学習や経験から，根拠のある予想や仮説を立てることができる。

○月や星の位置の変化を時間の経過と関係づけてとらえ，図や言葉でわかりやすくまとめることができる。

≫主体的に学習に取り組む態度　　※「主体的に学習に取り組む態度」は方向目標を示しています。

○月と星の位置の変化について粘り強く追究する活動を通して，月や星は1日のうちでも時刻によって位置が変わることを知り，まとめようとする。

評価規準

≫知識・技能

　○月は，日によって見える形が変わることや，1日のうちでも時刻によって位置が変わることを理解している。

　○星は，1日のうちでも時刻によって位置が変わるが，並び方は変わらないということを理解している。

　○方位磁針を使った月の方位の調べ方や，こぶしを使った月の高さの調べ方が正しくできている。

　○時刻を変えたときも同じ場所で月や星の動きを適切に観察し，正確に記録している。

　　　　　　　　　　　　　　　　　　　　　　　　　● 対応する学習指導要領の項目：B(5) ア (ア)(イ)(ウ)

≫思考・判断・表現

　○時間の経過と月や星の見える位置を関係づけてとらえ，図や言葉でわかりやすく表現している。

　○月や星の位置の変化を調べる観察について，3年生で太陽の位置を調べた経験などから，根拠のある予想や仮説を立てている。

　○立てた予想を発表している。

　○友だちの意見を聞いて，自分の予想の妥当性について考えている。

　○時間の経過に伴う星の位置や並び方を調べる観察結果から，時刻によって星の位置は変化するが，星の並び方は変化しないことを導き出している。

　　　　　　　　　　　　　　　　　　　　　　　　　　　　　● 対応する学習指導要領の項目：B(5) イ

》》主体的に学習に取り組む態度

○日によって形を変える月が，太陽と同じような動き方をしているのかという問題を見つけている。

○時間の経過に伴う星の位置や並び方を調べた観察結果から，自分の考えをまとめている。

○月と星の位置の変化の学習で，わかったこととまだわからないこと，できるようになったこととまだできないことが何かを，自分で考えている。

関連する既習内容

学年		内容
3	年	太陽と地面の様子 (日陰の位置と太陽の位置の変化)
4	年	月と星 (星の明るさ，色)

学習活動

小単元名	時数	学習活動	見方・考え方
○導入	1	○月の動きについて話し合う。 ・これまでの経験や学んだことから，月の動きや形について話し合う。 ・月も太陽と同じように動いているのか考えてみる。	時間的・空間的　比較
1. 月の動き	3	○月の動きを調べる。 ・月の形と動きについて話し合い，問題を見つける。 ・方位や高さなど，月の位置の調べ方を理解する。 ・昼間，半月の位置を，同じ場所で1時間ごとに3回以上調べて，記録カードに記録する。 ・夜，満月の位置を，昼の半月と同様に調べて，記録カードに記録する。 ・観察記録をもとに，月の動き方について話し合う。 ・月は，太陽と同じように東からのぼり，南の空の高いところを通って西の方へ動くことを理解する。 ・半月や満月など月の形は違っても，動き方は同じであることを理解する。	時間的・空間的　比較 関係付け
2. 星の動き	2	○星の動きを調べる。 ・時間の経過によって，星の位置や並び方がどう変化するのかを調べる。 ・夜8時頃，観察する星や星座を決め，星の位置と並び方を記録カードに記録する。 ・1，2時間後に，同じ位置からもう一度星の位置と並び方を記録カードに記録する。 ・観察記録をもとに，星の位置や並び方について話し合う。 ・時間とともに星の見える位置は変わるが，並び方は変わらないことを理解する。	時間的・空間的　比較 関係付け
○たしかめよう	1	○月と星の位置の変化について学んだことを生かして問題を解く。	時間的・空間的 多面的に考える

| 4年 | 啓林 |

教科書：p.74〜85　配当時数：7時間　配当月：9〜10月

5. とじこめた空気や水

内容の区分　A 物質・エネルギー

到達目標

≫知識・技能
○空気はおし縮められるが，水はおし縮められないことがわかる。
○注射器を使って，閉じ込めた空気や水をおしたときのようすを調べる実験を安全に行うことができる。
○閉じ込めた空気や水をおしたときの体積の変化と手応えを調べる実験の結果を，適切に記録することができる。

≫思考・判断・表現
○閉じ込めた空気や水をおす実験について，これまでの学習や経験から，根拠のある予想や仮説を立てることができる。
○予想や仮説を確かめるための実験計画を立てることができる。
○閉じ込めた空気をおしたときの体積の変化と手応えの大きさを関係づけてとらえ，その関係を図や言葉でわかりやすくまとめることができる。

≫主体的に学習に取り組む態度　※「主体的に学習に取り組む態度」は方向目標を示しています。
○空気と水の性質について粘り強く追究する活動を通して，空気はおし縮めることができるが，水はおし縮めることができないことを知り，まとめようとする。

評価規準

≫知識・技能
○閉じ込めた空気をおすと空気の体積は小さくなることと，体積が小さくなれば手応えが大きくなることを理解している。
○閉じ込めた水はおし縮められないことを理解している。
○閉じ込めた空気や水をおし縮める実験を安全に行い，その結果を正確に記録している。

━━━━● 対応する学習指導要領の項目：A(1) ア (ア)(イ)

≫思考・判断・表現
○閉じ込めた空気をおしたときの体積の変化と手応えから，問題を見つけている。
○閉じ込めた空気をおす実験について，空気鉄砲で玉を飛ばした活動から，根拠のある予想や仮説を立てている。
○友だちの意見を聞いて，自分の予想の妥当性について考えている。
○予想を確かめるための実験を計画している。
○閉じ込めた空気をおしたときの注射器の中の空気のようすを考え，図に表している。
○閉じ込めた空気に加える力の大きさと手応えの大きさとを関係づけてとらえ，言葉でわかりやすく表現している。
○閉じ込めた空気や水をおし縮める実験結果から，空気はおし縮められるが，水はおし縮められないことを導き出している。

━━━━● 対応する学習指導要領の項目：A(1) イ

≫主体的に学習に取り組む態度

○閉じ込めた空気に力を加える実験計画について，友だちとの話し合いを通して自らの考えを見直している。

○閉じ込めた水に力を加えたときのようすを調べるとき，根拠のある予想・仮説を立てて実験し，結果から自分の考えをまとめている。

○空気と水の性質の学習で，わかったこととまだわからないこと，できるようになったこととまだできないことが何かを，自分で考えている。

学習活動

小単元名	時数	学習活動	見方・考え方
○導入	2	○袋に閉じ込めた空気をおしてみて，そのときのようすや手応えなどを感じる。 ・空気を閉じ込めて利用しているものに，どのようなものがあるか思い出す。 ・空気を閉じ込めた袋をおしたときの感触に着目して話し合う。	質的・実体的 関係付け
1. とじこめた空気のせいしつ	2	○閉じ込めた空気に力を加えたときの，空気の体積の変化や手応えについて調べる。 ・空気鉄砲の玉を飛ばし，気づいたことを話し合って問題を見つける。 ・袋に閉じ込めた空気をおしたときのようすや手応えなどを振り返って予想し，実験の計画を立てる。 ・注射器の中に閉じ込めた空気をおして，力の加え方による空気の体積の変化や手応えについて調べる。 ・注射器の中に閉じ込めた空気をおした後，ピストンから手を離したときのようすを調べる。 ・ピストンをおしたとき，注射器の中の空気がどうなっていたか，図や言葉で表し考察する。 ・実験の結果から，閉じ込めた空気をおすと体積が小さくなることを導き出す。 ・体積が小さくなった空気はもとの体積に戻ろうとし，体積が小さくなるほど，おし返す手応えが大きくなることを理解する。	質的・実体的 関係付け
2. とじこめた水のせいしつ	2	○閉じ込めた水に力を加えたときの，水の体積の変化や手応えについて調べる。 ・空気と同じように，閉じ込めた水の体積をおし縮めることができるのか，予想する。 ・注射器の中に閉じ込めた水をおして，水の体積の変化や手応えについて調べ，空気をおしたときのようすと比較する。 ・実験の結果から，閉じ込めた水に力を加えても体積は変化しないことを導き出す。 ・空気と水を一緒に閉じ込めておすとどうなるか考えて，実験をする。	質的・実体的　比較 関係付け
○たしかめよう	1	○空気と水の性質について学んだことを生かして問題を解く。	質的・実体的 多面的に考える

| 4年 | 啓林 |

教科書：p.86〜97　配当時数：7時間　配当月：10〜11月

6. ヒトの体のつくりと運動

内容の区分　B 生命・地球

関連する道徳の内容項目　A 希望と勇気，努力と強い意志　D 生命の尊さ／自然愛護

到達目標

≫知識・技能

○ヒトの体には，全身にたくさんの骨と筋肉があることがわかる。

○ヒトの体は，骨と筋肉のはたらきによって，関節のところで体を曲げたり，いろいろな動きができたりすることがわかる。

○本やコンピュータなどを利用して，ヒトやほかの動物の体のつくりと動き方を調べることができる。

≫思考・判断・表現

○骨や筋肉のつくりと体の動き方との関係について，今までの経験などから根拠のある予想や仮説を立てることができる。

○ヒトの体の骨や筋肉のつくりと動き方を関係づけてとらえ，模型を使ったり言葉でまとめるなどして，わかりやすく説明することができる。

○動物の体のようすを骨と筋肉に着目して観察し，ヒトと比較して，図や言葉でまとめることができる。

≫主体的に学習に取り組む態度　※「主体的に学習に取り組む態度」は方向目標を示しています。

○ヒトの体のつくりと運動について粘り強く追究する活動を通して，体のつくりと動き方には関係があることを知り，まとめようとする。

評価規準

≫知識・技能

○ヒトの体の骨や筋肉のつくりと体の動き方との関係を理解している。

○本やコンピュータなどを適切に利用して，体のつくりや動きを調べている。

○骨と骨のつなぎ目で体が曲がることと，その部分を関節ということを理解している。

○ヒトの体には，たくさんの骨と筋肉があることを理解している。

○骨や筋肉のつくりを調べ，ノートに正確に記録している。

● 対応する学習指導要領の項目：B(1) ア (ア)(イ)

≫思考・判断・表現

○体のつくりと動きとを関係づけて考え，その関係を図や言葉などでわかりやすく表現している。

○立てた予想を発表したり，文章にまとめたりしている。

○友だちの意見を聞いて，自分の予想の妥当性について考えている。

○予想を確かめるための観察を計画している。

○体のつくりについて観察した結果をもとに発表し合い，骨や筋肉のつくりと体の動き方との関係について多面的に考察している。

○考察から，ヒトが体を動かすことができているのは，骨や筋肉のはたらきによることを導き出している。

● 対応する学習指導要領の項目：B(1) イ

≫主体的に学習に取り組む態度

○骨と筋肉のつくりに関心をもって，積極的に調べたり観察したりしようとしている。

○骨や筋肉のつくりと体の動き方との関係について問題を見つけ，根拠のある予想・仮説を立てて観察し，観察した結果から自分の考えをまとめている。

○ヒトの体のつくりと運動の学習で，わかったこととまだわからないこと，できるようになったこととまだできないことが何かを，自分で考えている。

関連する既習内容

学年		内容
3	年	身の回りの生物

学習活動

小単元名	時数	学習活動	見方・考え方
○導入	1	○教科書 P.86，87 のアスリートたちの写真を見て，気づいたことを話し合う。 ・運動している写真を見て，体を動かす仕組みについて興味をもつ。 ・腕の骨がどのようになっているか予想して図に描く。	共通性・多様性　比較
1. 体を曲げられるところ	2	○体の中の曲げられるところを調べる。 ・腕や手を動かして気がついたことを話し合い，問題を見つける。 ・ヒトの体にはかたい骨とやわらかい筋肉があり，たくさんの骨が体をささえていることを理解する。 ・自分の体を触ったり，骨の模型を使ったりして，体の中で曲げられるところを探す。 ・図鑑や教材を使って，体の中で曲げられるところを調べ，調べた部分の図を描き，曲げられるところにしるしをつける。 ・調べた結果から，体の中には曲げられるところがたくさんあり，そこは関節という骨と骨のつなぎ目であることを理解する。	共通性・多様性　比較 関係付け
2. 体の動くしくみ	1	○体の動く仕組みを調べる。 ・腕を曲げたり伸ばしたりしたときの筋肉のようすを，実際に手で触って確かめる。 ・重い物を持ち上げる前と後の，腕の内側の筋肉と外側の筋肉のようすを，手で触って比べて記録する。 ・腕が曲がるときには，内側の筋肉が縮み，外側の筋肉が緩むことを理解する。 ・腕が伸びるときには，内側の筋肉が緩み，外側の筋肉が縮むことを理解する。 ・筋肉が縮んだり緩んだりすることで，体を動かすことができることを理解する。 ・力を入れると，筋肉は縮んでかたくなることを理解する。	共通性・多様性　比較 関係付け

| 3. 動物の体のつくりと しくみ | 2 | ○ヒト以外の動物の体のつくりと仕組みを調べる。
・ほかの動物の体を動かす仕組みも，ヒトと同じ仕組みか考える。
・ほかの動物の体のつくりや動く仕組みについて図鑑や教材を使って調べ，ヒトと比べる。
・ヒト以外の動物の体にも，同じように骨や関節，筋肉があり，そのはたらきが体をささえたり動かしたりしていることを理解する。 | 共通性・多様性　比較
関係付け |
| ○たしかめよう | 1 | ○ヒトの体のつくりと運動について学んだことを生かして問題を解く。 | 共通性・多様性
多面的に考える |

4年　啓林　　　　　　　　　　　　　　　教科書：p.98〜105　配当時数：4時間　配当月：11月

季節と生き物 (3)
● 秋の生き物

内容の区分　B 生命・地球
関連する道徳の内容項目　D 生命の尊さ／自然愛護

到達目標

》知識・技能
○夏と秋の生物のようすの違いがわかる。
○校庭などの屋外で生物を安全に観察することができる。
○秋の動物や植物のようすを，記録カードに記入することができる。
○夏から秋にかけての動物や植物のようすの変化と季節との関係がわかる。

》思考・判断・表現
○サクラやヒョウタンなどのようすや，動物などの種類や数を観察し，図や言葉でまとめることができる。
○動物や植物のようすを観察して，季節と生物のようすの変化を関係づけて考えることができる。

》主体的に学習に取り組む態度　※「主体的に学習に取り組む態度」は方向目標を示しています。
○秋の動物や植物のようすを観察して，気づいたことをわかりやすく発表しようとする。
○秋の動物や植物のようすに関心をもち，粘り強く観察しようとする。

評価規準

》知識・技能
○秋になって，動物の活動が鈍くなったり，植物が枯れたり葉の色が変わったりすることを理解している。
○秋の生物のようすを安全に観察し，記録カードに正確に記録している。
　　　　　　　　　　　　　　　　　　　　　　　　　　　　　● 対応する学習指導要領の項目：B(2) ア (ア)(イ)

》思考・判断・表現
○秋の動物や植物のようすを図や言葉などでわかりやすく表現している。
○秋の生物のようすについて，観察した結果をもとに発表し合い，季節と生物のようすの関係について多面的に考察している。
　　　　　　　　　　　　　　　　　　　　　　　　　　　　　● 対応する学習指導要領の項目：B(2) イ

》主体的に学習に取り組む態度
○秋の生物のようすに関心をもって，積極的に観察しようとしている。
○秋の生物のようすの学習で，わかったこととまだわからないこと，できるようになったこととまだできないことが何かを，自分で考えている。
○生物に関心をもって，大切にしようとしている。

関連する既習内容

学年		内容
3	年	身の回りの生物
4	年	季節と生物 (春，夏)

学習活動

小単元名	時数	学習活動	見方・考え方
1. 生き物のようす	2	○秋の生き物のようすを観察する。 ・教科書 P.98，99 の秋のようすの写真を，教科書 P.44，45 の夏の頃のようすの写真と見比べて，気づいたことを話し合う。 ・春に立てた生き物の1年間の観察計画を振り返る。 ・1年間観察すると決めた生き物のようすを，春や夏のようすと比べながら観察して，気温や水温とともに記録カードにかく。 ・秋の生き物のようすについて記録カードにかいて，春や夏のようすとの違いを調べる。 ・秋は，春や夏に比べて気温や水温が下がることを理解する。 ・秋は，動物の活動が鈍くなり，植物は葉の色が変わったり，枯れ始めることを理解する。	共通性・多様性　比較 関係付け
2. 植物を育てよう	1	○春にたねをまいた植物の成長のようすを観察する。 ・育てている植物のようすを観察し，気温とともに記録カードにかく。 ・秋の植物の成長のようすを春や夏の頃の植物のようすと比較し，気づいたことを話し合う。 ・秋の植物のようすを観察した結果を，図や言葉でまとめる。 ・秋の植物は，夏に比べて葉が枯れたり茎の成長が止まったりすることと，実ができることなどを理解する。	共通性・多様性　比較 関係付け
3. 秋の記録をまとめよう	1	○秋の生き物のようすを観察した記録をまとめる。 ・記録カードをもとに，観察した秋の生き物のようすを友だちと話し合う。	共通性・多様性　比較 関係付け

| 4年 | 啓林 |

教科書：p.110〜123　配当時数：9時間　配当月：11〜12月

温度とものの変化 (1)

7. ものの温度と体積

| 内容の区分 | A 物質・エネルギー

到達目標

≫知識・技能

○空気，水，金属は，あたためたり冷やしたりすると体積が変化することがわかる。

○あたためたり冷やしたりしたときの体積の変化が大きいのは，空気，水，金属の順であることがわかる。

○物の温度と体積との関係を調べる実験を安全に行い，その結果を記録することができる。

≫思考・判断・表現

○物の温度と体積との関係について，今までの経験などから根拠のある予想や仮説を立てることができる。

○物の温度と体積を関係づけてとらえ，その関係を図や言葉でわかりやすくまとめることができる。

≫主体的に学習に取り組む態度　※「主体的に学習に取り組む態度」は方向目標を示しています。

○物の温度と体積について粘り強く追究する活動を通して，物の温度と体積の変化には関係があることを知り，まとめようとする。

評価規準

≫知識・技能

○空気，水，金属は，あたためると体積が大きくなり，冷やすと体積が小さくなることを理解している。

○温度変化による体積の変化が大きいのは，空気，水，金属の順であることを理解している。

○金属球膨張試験器などの実験器具を適切に扱い，安全に実験している。

○実験の結果を，図や言葉で正確に記録している。

● 対応する学習指導要領の項目：A(2) ア (ア)

≫思考・判断・表現

○物の温度と体積を関係づけて考え，その関係を図や言葉などでわかりやすく表現している。

○立てた予想を発表したり，文章にまとめたりしている。

○友だちの意見を聞いて，自分の予想の妥当性について考えている。

○予想を確かめるための実験を計画している。

○空気，水，金属をあたためたり冷やしたりした結果をもとに発表し合い，物の温度と体積との関係について多面的に考察している。

○考察から，空気，水，金属は，あたためたり冷やしたりすると体積が変化することを導き出している。

● 対応する学習指導要領の項目：A(2) イ

≫主体的に学習に取り組む態度

○物の温度と体積との関係に関心をもって，積極的に実験しようとしている。

○物の温度と体積との関係について，根拠のある予想・仮説を立てて実験し，結果から自分の考えをまとめている。

○物の温度と体積の学習で，わかったこととまだわからないこと，できるようになったこととまだできないことが何かを，自分で考えている。

関連する既習内容

学年		内容
4	年	空気と水の性質

学習活動

小単元名	時数	学習活動	見方・考え方
○導入	1	○閉じ込めた空気をあたためるとどうなるか調べる。 ・閉じ込めた空気をあたためるとどうなるか，その理由と一緒に考える。 ・丸底フラスコに栓をして60℃のお湯であたためたとき，栓はどうなるか実験する。	質的・実体的　比較 関係付け
1. 空気の温度と体積	3	○空気の温度と体積との関係を調べる。 ・あたためた丸底フラスコの栓がとび出したのはなぜか，話し合って問題を見つける。 ・空気は温度によって体積が変わるのか，予想して確かめるための実験の計画を立てる。 ・ガラス管つきゴム栓にゼリーを詰めて丸底フラスコに差し，あたためたり冷やしたりして，ゼリーの位置の変化を調べる。 ・実験の結果から，温度によって空気の体積がどのように変化したのか話し合って考察する。 ・空気はあたためると体積が大きくなり，冷やすと体積が小さくなることを理解する。	質的・実体的　比較 関係付け
2. 水の温度と体積	2	○水の温度と体積との関係を調べる。 ・水も空気のように，あたためると体積が変わるのか，予想して調べる。 ・丸底フラスコに水を入れてガラス管つきゴム栓をはめ，あたためたり冷やしたりして水面の位置の変化を調べる。 ・実験の結果から，温度によって水の体積がどのように変化したのか話し合って考察する。 ・水も，あたためると体積が大きくなり，冷やすと小さくなることを理解する。 ・空気と水の温度による体積の変化を比べる。 ・空気と水の，温度による体積の変化は，空気の方が体積の変化が大きいことを理解する。	質的・実体的　比較 関係付け

3. 金ぞくの温度と体積	2	○金属の温度と体積との関係を調べる。	質的・実体的　比較
		・金属もあたためると体積が変わるのか，予想して調べる。	関係付け
		・金属球膨張試験器を使い，金属の玉をガスコンロで熱したり，熱した金属の玉を水で冷やしたりして変化を調べる。	
		・実験用ガスコンロの使い方を理解する。	
		・実験の結果から，温度によって金属の体積がどのように変化したのか話し合って考察する。	
		・金属もあたためると体積が大きくなり，冷やすと体積が小さくなることを理解する。	
		・金属の体積の変化は空気や水と比べるととても小さいことを理解する。	
○たしかめよう	1	○物の温度と体積について学んだことを生かして問題を解く。	質的・実体的 多面的に考える

| 4年 | 啓林 | 教科書：p.124〜127　配当時数：2時間　配当月：1月 |

空を見上げると (3)

● 冬の夜空

内容の区分　B 生命・地球

関連する道徳の内容項目　C 国際理解，国際親善

到達目標

≫知識・技能
○冬の星も夏の星と同じように，明るさや色に違いがあることがわかる。
○冬の星も秋の星と同じように，時刻によって位置は変わるが，並び方は変わらないことがわかる。
○夜，おとなと一緒に，安全に星を観察することができる。

≫思考・判断・表現
○冬の星の時間の経過に伴う位置の変化や並び方について，これまでの学習や経験から，根拠のある予想や仮説を立てることができる。
○星の位置の変化を時間の経過と関係づけてとらえ，図や言葉でわかりやすくまとめることができる。

≫主体的に学習に取り組む態度　※「主体的に学習に取り組む態度」は方向目標を示しています。
○冬の星について粘り強く追究する活動を通して，秋の星と同じように時間の経過に伴って位置は変わるが並び方は変わらないことを知り，まとめようとする。

評価規準

≫知識・技能
○冬の星も夏の星と同じように，明るさや色は星によって違っていることを理解している。
○冬の星も秋の星と同じように，1日のうちでも時刻によって位置が変わるが，並び方は変わらないということを理解している。
○時刻を変えたときも同じ場所で建物などを目印にして観察するなど，冬の星の動きを適切に観察し，正確に記録している。

　　　　　　　　　　　　　　　　　　　　　　　●対応する学習指導要領の項目：B(5) ア (イ)(ウ)

≫思考・判断・表現
○星座の位置の変化を調べる観察について，秋の星座で調べた経験などから，根拠のある予想や仮説を立てている。
○冬の星の観察結果から，時刻によって星の位置は変化するが，星の並び方は変化しないことを図や言葉でわかりやすく表現している。

　　　　　　　　　　　　　　　　　　　　　　　●対応する学習指導要領の項目：B(5) イ

≫主体的に学習に取り組む態度
○冬の星の位置や並び方を調べるとき，根拠のある予想・仮説を立てて観察し，結果から自分の考えをまとめている。
○冬の星の学習で，わかったこととまだわからないこと，できるようになったこととまだできないことが何かを，自分で考えている。

関連する既習内容

学年		内容
3	年	太陽と地面の様子 (日陰の位置と太陽の位置の変化)
4	年	月と星 (星の明るさ, 色, 星の位置の変化)

学習活動

小単元名	時数	学習活動	見方・考え方
○冬の夜空	2	○冬の夜空の星を観察する。 ・これまでに学習したことを振り返り, 冬の星を明るさや色, 時間の経過に伴う動きに着目して観察する。 ・オリオン座など調べる星座を決めて, 午後8時頃に観察し, 星の明るさや色, 星座の位置と並び方を記録カードに記入する。 ・1, 2時間後に, 同じ位置からもう一度観察し, 記録カードに記入する。 ・観察結果から, 冬の星も明るさや色に違いがあり, 時間とともに星の位置は変わるが, 星の並び方は変わらないことを理解する。	時間的・空間的　比較 関係付け

| 4年 | 啓林 |

教科書：p.128〜135　配当時数：3時間　配当月：1月

季節と生き物(4)

● 冬の生き物

内容の区分　B 生命・地球

関連する道徳の内容項目　D 生命の尊さ／自然愛護

到達目標

≫知識・技能
○秋と冬の生物のようすの違いがわかる。
○校庭などの屋外で生物を安全に観察することができる。
○冬の動物や植物のようすを，記録カードに記入することができる。
○秋から冬にかけての動物や植物のようすの変化と季節との関係がわかる。

≫思考・判断・表現
○サクラやヒョウタンなどのようすや，動物などの種類や数を観察し，図や言葉でまとめることができる。
○動物や植物のようすを観察して，季節と生物のようすの変化を関係づけて考えることができる。

≫主体的に学習に取り組む態度　※「主体的に学習に取り組む態度」は方向目標を示しています。
○冬の動物や植物のようすを観察して，気づいたことをわかりやすく発表しようとする。
○冬の動物や植物のようすに関心をもち，粘り強く観察しようとする。

評価規準

≫知識・技能
○秋と冬の生物のようすの違いや，冬越しの仕方について理解している。
○冬になって，動物の姿があまり見られなくなったり，植物が枯れたりすることを理解している。
○冬の生物のようすを安全に観察し，記録カードに正確に記入している。

　　　　　　　　　　　　　　　　　　　　　　　　●対応する学習指導要領の項目：B(2) ア (ア)(イ)

≫思考・判断・表現
○冬の動物や植物のようすを図や言葉などでわかりやすく表現している。
○冬の生物のようすについて，観察した結果をもとに発表し合い，季節と生物のようすの関係について多面的に考察している。

　　　　　　　　　　　　　　　　　　　　　　　　●対応する学習指導要領の項目：B(2) イ

≫主体的に学習に取り組む態度
○冬の生物のようすに関心をもって，積極的に観察しようとしている。
○冬の生物のようすの学習で，わかったこととまだわからないこと，できるようになったこととまだできないことが何かを，自分で考えている。
○生物に関心をもって，大切にしようとしている。

関連する既習内容

学年		内容
3	年	身の回りの生物
4	年	季節と生物 (春〜秋)

学習活動

小単元名	時数	学習活動	見方・考え方
1. 生き物のようす	1	○冬の生き物のようすを観察する。 ・教科書 P.128, 129 の冬のようすの写真を，教科書 P.98, 99 の秋の頃のようすの写真と見比べて，気づいたことを話し合う。 ・春に立てた生き物の 1 年間の観察計画を振り返る。 ・1 年間観察すると決めた生き物のようすを，春から秋のようすと比べながら観察して，気温や水温とともに記録カードに記録する。 ・冬の生き物のようすについて記録カードにかいて，春から秋のようすとの違いを調べる。 ・冬は，秋からさらに気温や水温が下がっていることを理解する。 ・冬は，秋よりも動物の姿は見られなくなり，植物は葉が枯れたりしていることを理解する。 ・0℃よりも低い温度の書き方と読み方を理解する。 ・動物によってはたまごで冬を越したり，植物でも葉は散ってしまっても春に向けて芽をつける植物があることを理解する。	共通性・多様性　比較 関係付け
2. 植物を育てよう	1	○春にたねをまいた植物の変化のようすを観察する。 ・育ててきた植物のようすを観察し，気温とともに記録カードにかく。 ・植物のようすをこれまでのようすと比較し，気づいたことを話し合う。 ・ヒョウタンなどの植物は，全体が枯れてしまうが実の中にたねができていて，たねの姿で冬を越すことを理解する。	共通性・多様性　比較 関係付け
3. 冬の記録をまとめよう	1	○冬の生き物のようすを観察した記録をまとめる。 ・記録カードをもとに，観察した冬の生き物のようすを友だちと話し合う。	共通性・多様性　比較 関係付け

| 4年 | 啓林 |

教科書：p.136〜149　配当時数：8時間　配当月：1〜2月

温度とものの変化 (2)

8. もののあたたまり方

| 内容の区分 | A 物質・エネルギー

到達目標

≫知識・技能

○金属，水，空気について，それぞれのあたたまり方と，その差異点や共通点がわかる。

○実験用ガスこんろや示温シールなどを適切に扱うことができる。

○金属，水，空気のあたたまり方を調べる実験を安全に行い，その結果を正確に記録することができる。

≫思考・判断・表現

○水や空気のあたたまり方について，今までの経験などから根拠のある予想や仮説を立てることができる。

○金属のあたたまり方と水や空気のあたたまり方との違いをとらえ，その違いを言葉でわかりやすくまとめることができる。

≫主体的に学習に取り組む態度　※「主体的に学習に取り組む態度」は方向目標を示しています。

○物のあたたまり方について粘り強く追究する活動を通して，金属，水，空気それぞれのあたたまり方を知り，まとめようとする。

評価規準

≫知識・技能

○金属は熱せられた所から順に遠くの方へあたたまっていくことを理解している。

○水と空気は，熱せられた所がまずあたたまり，温度が高くなった所が上の方に動いていくことで全体があたたまることを理解している。

○実験用ガスこんろや示温シールなどの実験器具を適切に扱い，安全に実験している。

○実験の結果を，図や言葉で正確に記録している。

●対応する学習指導要領の項目：A(2) ア (イ)

≫思考・判断・表現

○線香の煙の動きと空気の動きを関係づけて考え，空気のあたたまり方について図や言葉などでわかりやすく表現している。

○立てた予想を発表したり，文章にまとめたりしている。

○友だちの意見を聞いて，自分の予想の妥当性について考えている。

○予想を確かめるための実験を計画している。

○金属，水，空気をあたためた結果をもとに発表し合い，金属，水，空気のあたたまり方を比較しながら考察している。

●対応する学習指導要領の項目：A(2) イ

≫主体的に学習に取り組む態度

○物のあたたまり方に関心をもって，積極的に実験しようとしている。

○物のあたたまり方について，根拠のある予想・仮説を立てて実験し，実験した結果から自分の考えをまとめている。

○物のあたたまり方の学習で，わかったこととまだわからないこと，できるようになったこととまだできないことが何かを，自分で考えている。

関連する既習内容

学年		内容
4	年	金属，水，空気と温度 (温度と体積の変化)

学習活動

小単元名	時数	学習活動	見方・考え方
○導入	1	○金属のフライパンがあたたまるようすを見て，気づいたことを話し合う。 ・教科書 P.136，137 のサーモグラフィーで表したフライパンの温度に着目して話し合う。	質的・実体的　比較
1. 金ぞくのあたたまり方	2	○金属のあたたまり方を調べる。 ・熱したフライパンの写真を見たことから，金属のあたたまり方を予想し，確かめる方法を話し合い，実験の計画を立てる。 ・金属の棒や板に示温シールを貼り，それぞれ端の部分を熱して，シールの色の変わり方を記録し，あたたまり方を調べる。 ・実験結果から，熱した部分とシールの色が変わっていったようすを関係づけて考察し，結論を導き出す。 ・金属は熱せられた所から順に熱が伝わってあたたまっていくこと，形状が異なってもあたたまり方は変わらないことを理解する。	質的・実体的　比較 関係付け
2. 水のあたたまり方①	1	○水はどのようにあたたまっていくのか，水のあたたまり方を調べる。 ・水はどのようにしてあたたまっていくのか予想する。 ・2 本の試験管に示温インクをまぜた水を入れ，それぞれ底の部分と水面を熱し，色の変わり方のようすを記録する。 ・実験結果から，水は下から熱すると全体があたたまり，上から熱すると下の方はなかなかあたたまらないことを理解する。 ・水を下の方から熱しても上の方からあたたまるのはなぜか，次の学習につなげる。	質的・実体的　比較 関係付け
2. 水のあたたまり方②	2	○水はどのように全体があたたまっていくのか，水のあたたまり方を調べる。 ・水が上の方からあたたまっていくのはなぜかということを予想して，実験の計画を立てる。 ・ビーカーに示温インクをまぜた水を入れ，底の部分を熱して色の変わり方のようすを調べる。 ・実験の結果から，あたたまった水が上へ動いていくことで上の方からあたたまっていくということを導き出す。 ・熱せられて温度が高くなった水が上へ動き，その動きが続いていくことで水全体があたたまっていくことを理解する。	質的・実体的　比較 関係付け

3. 空気のあたたまり方	1	○空気のあたたまり方を調べる。	質的・実体的　比較
		・これまでに学んだことなどから，空気のあたたまり方を予想する。	関係付け
		・暖房中の部屋で，上の方と下の方の室温を測り，測った場所と温度を記録する。	
		・電熱器などに線香の煙を近づけて，煙の動きを調べ，記録する。	
		・実験結果から，煙の動きと空気の動きを関連づけて考察し，結論を導き出す。	
		・空気は水と同じように，熱せられて温度が高くなった部分が上の方に動いていくことで空気全体があたたまることを理解する。	
○たしかめよう	1	○物のあたたまり方について学んだことを生かして問題を解く。	質的・実体的 多面的に考える

4年

| 4年 | 啓林 |

教科書：p.150〜165　配当時数：8時間　配当月：2月

温度とものの変化 (3)

9. 水のすがた

内容の区分　A 物質・エネルギー

関連する道徳の内容項目　D 自然愛護

到達目標

》知識・技能

○水は温度によって，固体 (氷)，液体 (水)，気体 (水蒸気) に姿を変えることがわかる。

○水蒸気は目に見えないことと，目に見える湯気は小さな水の粒であることがわかる。

○水は，氷になると体積が増えることがわかる。

○水を熱したり冷やしたりしたときの状態変化を調べる実験を適切に行い，その結果を正確に記録することができる。

》思考・判断・表現

○水の温度と状態変化との関係について，今までの経験などから根拠のある予想や仮説を立てることができる。

○水の三態変化を温度の変化と関係づけてとらえ，その関係を図や言葉でわかりやすくまとめることができる。

》主体的に学習に取り組む態度　※「主体的に学習に取り組む態度」は方向目標を示しています。

○水の三態変化について粘り強く追究する活動を通して，水は温度によってその姿を変えることを知り，まとめようとする。

評価規準

》知識・技能

○水は温度によってその姿を，固体 (氷)，液体 (水)，気体 (水蒸気) に変えることを理解している。

○水蒸気は目に見えないことと，目に見える湯気は小さな水の粒であることを理解している。

○水は，氷になると体積が増えることを理解している。

○実験用ガスこんろなどの実験器具を適切に扱い，安全に実験している。

○水の温度の変化を，折れ線グラフなどにわかりやすく表している。

○水を熱したり冷やしたりする実験を適切に行い，その結果を正確に記録している。

●対応する学習指導要領の項目：A(2) ア (ウ)

》思考・判断・表現

○水の姿の変化を温度の変化と関係づけて考え，その関係を図や言葉などでわかりやすく表現している。

○立てた予想を発表したり，文章にまとめたりしている。

○友だちの意見を聞いて，自分の予想の妥当性について考えている。

○予想を確かめるための実験を計画している。

○水を熱したり冷やしたりした実験の結果をもとに発表し合い，水の温度と状態変化の関係について多面的に考察している。

○考察から，水は温度によって，固体，液体，気体に姿を変えることを導き出している。

●対応する学習指導要領の項目：A(2) イ

≫主体的に学習に取り組む態度

○水の三態変化に関心をもって，積極的に実験しようとしている。

○水の三態変化と温度変化との関係について，根拠のある予想・仮説を立てて実験し，実験した結果から自分の考えをまとめている。

○水の三態変化の学習で，わかったこととまだわからないこと，できるようになったこととまだできないことが何かを，自分で考えている。

関連する既習内容

学年		内容
4	年	金属，水，空気と温度 (温度と体積の変化，温まり方の違い)

学習活動

小単元名	時数	学習活動	見方・考え方
○導入	1	○水は温度によってどのように姿が変わるのか考える。 ・教科書 P.150，151 の写真を見て，湯気やつららなど，水が温度によってどのような姿に変わるか話し合う。	質的・実体的　比較
1.水を熱したときの変化①	2	○水を熱し続けたときの水の変化のようすについて調べる。 ・水を熱し続けるとどうなるのか予想する。 ・教科書 P.152 のような装置で水を熱し，2 分おきに水の温度と水のようすを調べて記録し，温度の変化を折れ線グラフに表す。 ・実験の結果から，水のようすがどのように変化したか話し合う。 ・水が 100℃近くになって泡を出しながら沸き立つことを沸騰ということ，沸騰している間の水の温度は変化しないことを理解する。	質的・実体的　比較 関係付け
1.水を熱したときの変化②	2	○水が沸騰しているときに出てくる泡について調べる。 ・水が沸騰しているときに出てくる泡について予想する。 ・教科書 P.155 のような装置を組み立て，水を熱して泡を袋に集め，泡を集めた後の袋のようす，ビーカーの水面の位置などを調べる。 ・沸騰中は袋が膨らみ，熱するのをやめると袋がしぼんで内側に水がついたこと，ビーカーの水が減っていたことを関連づけて考察する。 ・沸騰している水から出てくる泡は，目に見えない姿に変わった水であり，水蒸気ということを理解する。 ・教科書 P.157 の図を見て，水蒸気，湯気について理解する。 ・水が水蒸気になることを蒸発ということを理解する。	質的・実体的　比較 関係付け
2.水を冷やしたときの変化	1	○水を冷やし続けたときの水の変化のようすについて調べる。 ・水を冷やし続けるとどうなるのか予想する。 ・教科書 P.159 のような装置で水を冷やし，2 分おきに水の温度と水のようすを調べて記録し，温度の変化を折れ線グラフに表す。 ・実験の結果を考察する。 ・水は冷やし続けると 0℃で凍り始め，全て凍るまで 0℃から変化しないこと，全て凍ると温度はさらに下がることを理解する。 ・水は凍ると体積が大きくなることを理解する。	質的・実体的　比較 関係付け

3. 水の3つのすがた	1	○温度と水の姿との関係についてまとめる。	質的・実体的　比較
		・水は，温度によって氷，水，水蒸気に姿を変えることを理解する。	関係付け
		・目には見えない水蒸気や空気のような姿を気体ということを理解する。	
		・目に見えて，自由に形を変えられる水のような姿を液体ということを理解する。	
		・かたまりになっていて，自由に形を変えられない氷のような姿を固体ということを理解する。	
		・水は，温度によって気体，液体，固体と姿が変わることを理解する。	
○たしかめよう	1	○水の三態変化について学んだことを生かして問題を解く。	質的・実体的　多面的に考える

| 4年 | 啓林 |

教科書：p.166〜177　配当時数：6時間　配当月：3月

自然の中の水のゆくえ (2)

10. 水のゆくえ

内容の区分　B 生命・地球

関連する道徳の内容項目　C 伝統と文化の尊重，国や郷土を愛する態度　D 自然愛護

到達目標

≫知識・技能

○水は地面や水面から蒸発し水蒸気となって空気中に含まれることと，空気中の水蒸気は冷やされると結露して再び水になることがわかる。

○水の自然蒸発を調べる実験を適切に行い，その結果を記録することができる。

≫思考・判断・表現

○予想や仮説を確かめるための実験計画を立てることができる。

○地面や水面から水が蒸発していることや，空気中の水蒸気が冷やされると結露して再び水になって現れることをわかりやすくまとめることができる。

≫主体的に学習に取り組む態度　　※「主体的に学習に取り組む態度」は方向目標を示しています。

○水のゆくえについて粘り強く追究する活動を通して，水の自然蒸発についてまとめようとする。

評価規準

≫知識・技能

○水は地面や水面から蒸発し水蒸気となって空気中に含まれ，また，空気中の水蒸気は冷やされると結露して再び水になることを理解している。

○水の自然蒸発を調べる実験を適切に行い，その結果を正確に記録している。

● 対応する学習指導要領の項目：B(4) ア (イ)

≫思考・判断・表現

○空気中の水蒸気の有無を調べる実験について，冬にガラス窓が結露しているようすを見た経験などから，根拠のある予想や仮説を立てている。

○立てた予想を発表したり，文章にまとめたりしている。

○友だちの意見を聞いて，自分の予想の妥当性について考えている。

○予想を確かめるための実験を計画している。

○水の自然蒸発を調べる実験結果から，水は地面や水面などから蒸発して水蒸気となり，空気中に含まれていくことを導き出している。

● 対応する学習指導要領の項目：B(4) イ

≫ 主体的に学習に取り組む態度

○水の自然蒸発を調べる実験計画について，友だちとの話し合いを通して自らの考えを見直している。

○水の自然蒸発を調べるとき，根拠のある予想・仮説を立て，実験結果から自分の考えをまとめている。

○水のゆくえの学習で，わかったこととまだわからないこと，できるようになったこととまだできないことが何かを，自分で考えている。

関連する既習内容

学年		内容
3	年	太陽と地面の様子
4	年	金属，水，空気と温度 (水の三態変化)
4	年	雨水の行方と地面の様子
4	年	天気の様子 (天気による 1 日の気温の変化)

学習活動

小単元名	時数	学習活動	見方・考え方
○導入	1	○雨が降ったときにできた水たまりの水はどこへいくのか考える。 ・教科書 P.166，167 の雨が降っているときと上がった後の校庭の地面のようすの写真を見て，気づいたことを話し合う。 ・洗濯物が乾くのはなぜか，考える。	時間的・空間的　比較
1. 消えた水のゆくえ	2	○水が空気中に出ていくのかどうかを調べる。 ・これまでの経験や学習から，水は熱しなくても蒸発するのかどうかを話し合って予想し，確かめるための実験を計画する。 ・同じ量の水を入れた容器を 2 つ用意し，1 つだけに蓋をする。 ・2 つの容器を日の当たる場所に置き，2，3 日後にようすを調べる。 ・蓋をしなかった容器の水は減っていて，蓋をした容器の水はほとんど減っていなかったことから，考察する。 ・考察から，水は沸騰しなくても蒸発し，水蒸気となって空気中に出ていくことを導き出す。	時間的・空間的　比較 関係付け
2. 空気中の水	2	○空気中から水を取り出すことができるか調べる。 ・寒い日に窓ガラスの結露を見た経験や，これまでに学んだことから空気中から水を取り出せるか予想する。 ・ビーカーに氷水を入れて蓋をして水面の位置に印をつけておき，しばらくしたらビーカーの外側のようすを観察する。 ・ビーカーをいろいろな場所に持っていき，同じように外側のようすを観察する。 ・どの場所でもビーカーの外側に水滴がついたことから，空気中には水蒸気が含まれていて，冷やすと水になることを導き出す。 ・空気中の水蒸気が冷やされて水になることを結露ということを理解する。	時間的・空間的 関係付け
○たしかめよう	1	○水のゆくえについて学んだことを生かして問題を解く。	時間的・空間的 多面的に考える

| 4年 | 啓林 |

教科書：p.180～185　配当時数：2時間　配当月：3月

季節と生き物 (5)

● 生き物の1年間

内容の区分　B 生命・地球

関連する道徳の内容項目　D 生命の尊さ／自然愛護

到達目標

≫知識・技能

○1年間の生物のようすを振り返って，季節ごとの生物のようすと気温の変化に関係があることがわかる。

○1年間の記録を，生物ごとにわかりやすく整理できる。

≫思考・判断・表現

○生物と気温との関係について，1年間の観察の結果から，根拠のある予想や仮説を立てることができる。

○動物や植物のようすを観察して，気温と生物のようすの変化とを関係づけて考えることができる。

≫主体的に学習に取り組む態度　※「主体的に学習に取り組む態度」は方向目標を示しています。

○1年間の生物のようすについて粘り強く追究する活動を通して，生物のようすには気温が関係していることを知り，まとめようとする。

評価規準

≫知識・技能

○1年間の生物のようすを観察した結果から，季節ごとの生物のようすと気温の変化に関係があることを理解している。

○1年間の記録を，生物ごとにわかりやすく整理している。

●対応する学習指導要領の項目：B(2) ア (ア)(イ)

≫思考・判断・表現

○生物と気温との関係について，これまでの観察などの結果から，根拠のある予想や仮説を立てている。

○1年間の生物のようすを，季節を順に追って気温の変化と関係づけてまとめている。

●対応する学習指導要領の項目：B(2) イ

≫主体的に学習に取り組む態度

○1年間の生物のようすの学習で，わかったこととまだわからないこと，できるようになったこととまだできないことが何かを，自分で考えている。

関連する既習内容

学年		内容
3	年	身の回りの生物
4	年	季節と生物 (春～冬)

学習活動

小単元名	時数	学習活動	見方・考え方
○生き物の1年間	2	○生き物の1年間のようすをまとめ，季節と生き物の様子の関係について話し合う。 ・教科書 P.180，181 の写真で，季節ごとのようすを見比べる。 ・1年間調べてきた記録カードをもとに，生き物のようすの変化について話し合う。 ・生き物のようすの変化を，気温の変化と関係づけて考察する。 ・植物は，気温の変化とともに，あたたかくなると葉を茂らせ，大きく成長することを理解する。 ・寒くなるとたねを残して枯れる植物や，枝に芽をつけて冬を越す植物があることを理解する。 ・動物は，あたたかくなると活動が活発になり，数が増えたり，成長したりすることを理解する。 ・動物は寒くなると活動が鈍くなり，姿を見せなくなったり，たまごの姿で冬を越したりすることを理解する。	共通性・多様性　比較 関係付け

MEMO

| 5年　啓林 | 教科書：p.6〜9　配当時数：2時間　配当月：4月 |

受けつがれる生命 (1)

● 花のつくり

内容の区分　B 生命・地球

関連する道徳の内容項目　D 生命の尊さ／自然愛護

到達目標

≫ 知識・技能
○めしべやおしべ，花びらやがくなどの花のつくりがわかる。
○実の中には種子ができることがわかる。
○観察した結果を，わかりやすく記録することができる。

≫ 思考・判断・表現
○アブラナの花が咲き終わった後には，めしべのもとが育って実になり，実の中には種子ができることを導き出すことができる。

≫ 主体的に学習に取り組む態度　※「主体的に学習に取り組む態度」は方向目標を示しています。
○身の回りの植物に関心をもち，積極的に発言したり，観察しようとする。

評価規準

≫ 知識・技能
○めしべやおしべ，花びらやがくなどの花のつくりを理解している。
○実の中に種子ができることを理解している。
○アブラナの花を観察し，花のつくりを記録している。
　　　　　　　　　　　　　　　　　　　　　　　　● 対応する学習指導要領の項目：B(1) ア (エ)

≫ 思考・判断・表現
○アブラナの花が咲き終わった後，どこに実ができるのか根拠のある予想を立てている。
　　　　　　　　　　　　　　　　　　　　　　　　● 対応する学習指導要領の項目：B(1) イ

≫ 主体的に学習に取り組む態度
○身の回りの植物に関心をもち，積極的に発言したり，観察しようとしている。
○植物に関心をもって，大切にしようとしている。

関連する既習内容

学年	内容
3 年	身の回りの生物
4 年	季節と生物

学習活動

小単元名	時数	学習活動	見方・考え方
○花のつくり①	1	○花のつくりを調べる。 ・3年生の植物の一生で学んだことを振り返り，植物の結実について話し合う。 ・アブラナの花を虫眼鏡で観察する。 ・アブラナの花のつくりをピンセットを使って観察する。 ・咲き終わりの頃の花と，実を調べる。 ・アブラナの花のつくりを観察して，記録カードに図と言葉で記録する。 ・アブラナの花は，おしべやめしべ，花びらやがくなどからできていることを理解する。 ・咲き終わった花のめしべのもとが実になり，実の中に種子ができることを理解する。	共通性・多様性　比較
○花のつくり②	1	○ヘチマの種子をまき，育てる。 ・ヘチマを育てる計画を立てて種子をまき，世話をする。	共通性・多様性　比較

5年

| 5年 | 啓林 | 教科書：p.10〜29　配当時数：14時間　配当月：4〜5月 |

受けつがれる生命 (2)

1. 植物の発芽と成長

内容の区分　B 生命・地球

関連する道徳の内容項目　C 勤労，公共の精神／伝統と文化の尊重，国や郷土を愛する態度　D 生命の尊さ／自然愛護

到達目標

》知識・技能

○種子の発芽には，水，適当な温度，空気が関係していることがわかる。

○種子の発芽には，種子の子葉の中の養分が使われていることがわかる。

○植物の成長には，水，適当な温度，空気以外に，日光，肥料も必要なことがわかる。

○条件を制御して，発芽や成長の条件を調べる比較実験を正しく行うことができる。

○実験の結果を，正確にわかりやすく記録することができる。

》思考・判断・表現

○種子の発芽の条件について，根拠のある予想や仮説を立てることができる。

○予想や仮説を確かめるための実験計画を立てることができる。

○実験や観察の条件設定や結果を表にして，わかりやすくまとめることができる。

○複数の実験の結果を多面的に考察し，妥当な結論を導き出すことができる。

》主体的に学習に取り組む態度　※「主体的に学習に取り組む態度」は方向目標を示しています。

○植物の発芽と成長について粘り強く追究する活動を通して，発芽の条件と成長の条件を調べる実験では条件制御しながら正確な結果を導き出し，その結果を整理して表にまとめようとする。

評価規準

》知識・技能

○種子が発芽するためには水，適当な温度，空気が必要であることを理解している。

○種子には，根・茎・葉になる部分と子葉という部分があることを理解している。

○種子の子葉には発芽に必要な養分が含まれており，発芽にはその養分が使われていることを理解している。

○植物の成長には，水，適当な温度，空気以外に，日光，肥料も必要なことを理解している。

○条件制御しながら植物の発芽や成長に必要な条件を調べる実験を行い，その条件設定や結果をわかりやすく正確に記録している。

●対応する学習指導要領の項目：B(1) ア (ア)(イ)(ウ)

≫思考・判断・表現

○植物の発芽の条件について，今までに植物を育てた経験や学習したことなどから，根拠のある予想や仮説を立てている。

○立てた予想を発表したり，文章にまとめたりしている。

○友だちの意見を聞いて，自分の予想の妥当性について考えている。

○予想を確かめるための実験計画を立てている。

○発芽前の種子と発芽後の子葉のヨウ素でんぷん反応の違いを関係づけて，植物は子葉に含まれている養分を使って発芽していることを導き出している。

○植物の成長の条件について，条件制御して調べた結果をもとに発表し合い，植物の成長と日光や肥料とを関係づけて多面的に考察している。

○考察から，植物の成長には，水，適当な温度，空気以外に，日光，肥料も関係していることを導き出している。

● 対応する学習指導要領の項目：B(1) イ

≫主体的に学習に取り組む態度

○種子の発芽に必要な条件について，根拠のある予想・仮説をもとに実験計画を立て，複数の実験結果を整理して自分の考えをまとめている。

○植物の成長に必要な条件を調べる実験計画について，友だちとの話し合いを通して自らの考えを見直している。

○植物の発芽と成長の学習で，わかったこととまだわからないこと，できるようになったこととまだできないことが何かを，自分で考えている。

関連する既習内容

学年		内容
3	年	身の回りの生物
4	年	季節と生物

学習活動

小単元名	時数	学習活動	見方・考え方
○導入	1	○植物の発芽の条件について話し合う。 ・3年生の植物の成長と体のつくりで学んだことを振り返り，植物の発芽の条件について話し合う。	共通性・多様性 関係付け
1. 種子が発芽する条件 ①	3	○インゲンマメを使って，発芽と水の関係を調べる。 ・植物の種子が芽を出すことを発芽ということを理解し，これまでの経験を振り返って植物の発芽に必要な条件について予想する。 ・予想した条件のなかから，水が発芽に必要かどうかを調べる方法を話し合い，実験の計画を立てる。 ・1つの条件について調べるときは，その条件だけを変えて，ほかの条件は変えないで実験することを理解する。 ・発芽に水が必要かどうかを調べるため，水の条件は変えて，ほかの条件は変えないで実験する。 ・発芽に水が必要かどうかを調べる実験の結果から，発芽に水が必要であることを理解する。	共通性・多様性　比較 関係付け　条件制御

1. 種子が発芽する条件②	3	○インゲンマメを使って，発芽と温度や空気の関係を調べる。 ・発芽に適当な温度が必要かどうかを調べるため，温度の条件は変えて，ほかの条件は変えないで実験する。 ・発芽に空気が必要かどうかを調べるため，空気の条件は変えて，ほかの条件は変えないで実験する。 ・実験の結果から，種子の発芽に必要な条件について考察し，水のほかに適当な温度と空気が必要なことを理解する。 ・水，適当な温度，空気の３つの条件が全て揃わないと，種子は発芽しないことを理解する。	共通性・多様性　比較 関係付け　条件制御
2. 種子の発芽と養分	2	○発芽に必要な養分が，種子の子葉の中に含まれているのかを調べる。 ・発芽後，子葉だけしぼんでいくのはなぜかを考え，子葉の中にある養分が発芽に使われたと予想する。 ・発芽前の種子と発芽後の子葉の養分の変化を，含まれているでんぷんで調べる。 ・水に浸しておいた発芽前の種子と，発芽後にしぼんだ子葉にヨウ素液をかけて，でんぷんの有無を調べる。 ・実験の結果を考察する。 ・種子の子葉にはでんぷんが含まれており，そのでんぷんを養分として発芽や成長していることを導き出す。	共通性・多様性　比較 関係付け
3. 植物が成長する条件	4	○インゲンマメで，植物の成長に必要な条件を調べる。 ・これまでの学習内容や植物を育てた経験から，植物の成長にはどのような条件が必要か予想する。 ・植物の成長に日光や肥料が必要かどうかを調べるための実験を計画する。 ・条件制御をして，日光に当てた場合と当てない場合の成長の違いを調べる。 ・条件制御をして，肥料を与えた場合と与えない場合の成長の違いを調べる。 ・実験の結果，植物は日光に当てて肥料を与えると，より丈夫に大きく育つことを理解する。 ・植物の成長には，日光，肥料のほかに，発芽の条件である水，適当な温度，空気も必要であることを理解する。 ・実験後，インゲンマメは花だんに植え替えて大切に育てる。	共通性・多様性　比較 関係付け　条件制御
○たしかめよう	1	○植物の発芽と成長について学んだことを生かして問題を解く。	共通性・多様性 多面的に考える

| 5年 | 啓林 | 教科書：p.30〜41　配当時数：8時間　配当月：5〜6月 |

受けつがれる生命 (3)

2. メダカのたんじょう

内容の区分　B 生命・地球

関連する道徳の内容項目　C 勤労，公共の精神　D 生命の尊さ／自然愛護

到達目標

≫知識・技能

○メダカには雌と雄があり，雌雄で体のつくりに違いがあることがわかる。

○メダカを飼育し，受精卵から子メダカになるまでの変化を観察することができる。

○メダカのたまごは，受精後にたまごの中が変化して少しずつ親に似た姿になって孵化することがわかる。

○メダカのたまごの変化を観察し，記録カードに図や言葉で正確に記録することができる。

≫思考・判断・表現

○メダカの受精後のたまごのようすについて，今までの経験などから根拠のある予想や仮説を立てることができる。

○予想や仮説を確かめるための観察計画を立てることができる。

○孵化したばかりの子メダカの腹の膨らみと子メダカのようすを関係づけてとらえ，膨んだ腹の中の養分でしばらくは餌を食べずに育つことをわかりやすくまとめることができる。

≫主体的に学習に取り組む態度　　※「主体的に学習に取り組む態度」は方向目標を示しています。

○メダカの誕生について粘り強く観察する活動を通して，メダカはたまごの中で徐々に親に似た姿になることを知り，まとめようとする。

評価規準

≫知識・技能

○メダカには雌と雄があり，雌雄の体のつくりの違いを理解している。

○メダカの適切な飼育方法をよく調べ，理解している。

○メダカを適切に飼育し，たまごが受精して孵化するまでの変化のようすを図や言葉でわかりやすくまとめている。

○メダカは，たまごの中で徐々に変化して，親に似た姿になることを理解している。

○メダカのたまごの中の変化のようすに着目して観察し，記録カードにわかりやすく正確に記録している。

　　　　　　　　　　　　　　　　　　　　　　　　● 対応する学習指導要領の項目：B(2) ア (ア)

≫思考・判断・表現

○メダカのたまごの中の変化のようすについて，今までの経験から，根拠のある予想や仮説を立てている。

○立てた予想を発表したり，文章にまとめたりしている。

○友だちの意見を聞いて，自分の予想の妥当性について考えている。

○メダカのたまごの中の変化について，1，2日おきに観察して調べた結果をもとに発表し合い，多面的に考察している。

○孵化したばかりの子メダカが，しばらくは餌を食べなくても膨んだ腹の中の養分を使って育つことを，図でわかりやすく表現している。

○考察から，メダカは受精後にたまごの中で徐々に変化して，親に似た姿になることを導き出している。

　　　　　　　　　　　　　　　　　　　　　　　　● 対応する学習指導要領の項目：B(2) イ

》主体的に学習に取り組む態度

○メダカの適切な飼育方法について，友だちとの話し合いを通して自らの考えを見直している。

○メダカのたまごの中の変化について観察したことを図に表すときに，大事なことや気づいたことなどをコメントとして入れるなどくふうしている。

○メダカの誕生の学習で，わかったこととまだわからないこと，できるようになったこととまだできないことが何かを，自分で考えている。

○動物に関心をもって，大切にしようとしている。

関連する既習内容

学年		内容
3	年	身の回りの生物
4	年	季節と生物
5	年	植物の発芽，成長，結実 (種子の中の養分，発芽の条件，成長の条件)

学習活動

小単元名	時数	学習活動	見方・考え方
○導入	1	○水槽の中の複数のメダカを見て，気づいたことを話し合う。 ・水草についたたまごを見て，たまごにも着目して話し合う。	共通性・多様性　比較
1. メダカのたまご	6	○メダカのたまごの育ちを観察する。 ・メダカがたまごを産むようにするには，どうすればよいか考える。 ・メダカの適切な飼育方法を理解する。 ・メダカは，雌と雄で体のつくりに違いがあることを理解する。 ・たまごが産まれるようにするためには，メダカの雌と雄を同じ水槽で飼育するとよいことを理解する。 ・雌が産んだたまご(卵＝らん)と，雄が出した精子が結びつくことを受精といい，受精したたまごを受精卵ということを理解する。 ・メダカのたまごがどのように成長していくのかを予想する。 ・解剖顕微鏡や双眼実体顕微鏡の使い方を理解する。 ・メダカのたまごを1，2日おきに解剖顕微鏡や双眼実体顕微鏡で観察し，その変化のようすを記録する。 ・メダカがたまごの中で成長していく変化のようすを理解する。 ・たまごから孵化したばかりの子メダカのようすを観察する。 ・たまごと子メダカを観察した結果から考察する。 ・メダカは，受精後にたまごの中で少しずつ親に似た姿に変化していき，受精して約2週間で孵化することを理解する。 ・孵化前のメダカは，たまごの中にある養分を使って成長することを理解する。 ・たまごから孵化したばかりの子メダカは，膨んだ腹の中に養分があり，しばらくは餌を食べずにその養分を使って育つことを理解する。 ・子メダカが大きくなって親になり，次の世代へ生命が受け継がれていくことを理解する。 ・観察後，子メダカは餌を与えて大切に育てる。	共通性・多様性　比較 関係付け

| ○たしかめよう | 1 | ○メダカの誕生について学んだことを生かして問題を解く。 | 共通性・多様性
多面的に考える |

| 5年 | 啓林 | 教科書：p.42〜51　配当時数：7時間　配当月：6〜7月 |

受けつがれる生命 (4)

3. ヒトのたんじょう

内容の区分　B 生命・地球

関連する道徳の内容項目　B 親切，思いやり　D 生命の尊さ／自然愛護

到達目標

≫知識・技能

○ヒトもメダカと同じように受精卵から成長していくことがわかる。

○子宮内のようすや，胎盤，へその緒についてわかる。

○ヒトは約 38 週間かけて母親の子宮の中で羊水に守られて育つことと，胎盤とへその緒を通して母親から成長に必要な養分などを受け取って成長していくことがわかる。

○母体内での胎児の成長について，本やコンピュータなどから，必要な情報を正確に集めることができる。

≫思考・判断・表現

○母体内での胎児の成長について，学習したメダカの受精卵のようすなどを振り返り，根拠のある予想や仮説を立てることができる。

○母体内での胎児の成長のようすについて，調べた結果をもとに，図や言葉を使ってわかりやすくまとめ，発表することができる。

≫主体的に学習に取り組む態度　※「主体的に学習に取り組む態度」は方向目標を示しています。

○ヒトの誕生について粘り強く調べる活動を通して，ヒトは母体内で約 38 週間かけて成長してから生まれることを知り，母体内で成長していくようすについてまとめようとする。

評価規準

≫知識・技能

○子宮，胎児，胎盤，へその緒などについて理解している。

○ヒトは約 38 週間かけて母親の子宮の中で羊水に守られて育つことと，その成長の変化のようすを理解している。

○胎児は，胎盤とへその緒を通して母親から成長に必要な養分などを受け取って成長していくことを理解している。

○母体内での胎児の成長について，本やコンピュータなどを利用して，必要な情報を集めている。

○子宮の中のようすを胎児の成長に必要な養分に着目して調べ，ノートに正確に記録している。

○母体内での胎児の成長のようすを図やグラフ，言葉などでわかりやすくまとめている。

● 対応する学習指導要領の項目：B(2) ア (イ)

≫思考・判断・表現

○母体内での胎児の成長のようすについて，これまでに学習したメダカの誕生の内容などから，根拠のある予想や仮説を立てている。

○立てた予想を発表したり，文章にまとめたりしている。

○友だちの意見を聞いて，自分の予想の妥当性について考えている。

○受精から誕生までの母体内での胎児の変化について調べた結果をもとに発表し合い，メダカのたまごの中での成長と比較して考察している。

○考察から，ヒトもメダカと同様に，受精卵から徐々に成長していくことを導き出している。

● 対応する学習指導要領の項目：B(2) イ

≫主体的に学習に取り組む態度

○ヒトの誕生について，今までの経験から根拠のある予想・仮説を立てて，自分の考えをまとめている。

○ヒトの誕生の学習で，わかったこととまだわからないこと，できるようになったこととまだできないことが何かを，自分で考えている。

○ヒトの誕生に関心をもって，人の命を大切にしようとしている。

関連する既習内容

学年		内容
3	年	身の回りの生物
4	年	季節と生物
5	年	植物の発芽，成長，結実
5	年	動物の誕生 (魚)

学習活動

小単元名	時数	学習活動	見方・考え方
○導入	1	○ヒトの誕生について，話し合う。 ・自分が生まれたときの話を聞いた経験などから，ヒトの誕生について気づいたことを話し合う。	共通性・多様性　比較
1. ヒトの受精卵①	3	○ヒトが母親の体内で成長し，生まれてくるまでのようすを調べる。 ・女性の体内でつくられた卵 (卵子) と男性の体内でつくられた精子が受精して受精卵ができることを理解する。 ・これまでの経験や学んだことから，ヒトがどのように母親の体内で成長し，生まれてくるのか話し合う。 ・本やコンピュータ，模型などいろいろな資料を利用して，母体内での胎児の成長のようすをメダカの誕生のようすと比べながら調べる。	共通性・多様性　比較

| 1. ヒトの受精卵② | 2 | ○母親の体内でのヒトの育ちについて調べたことをまとめ，発表する。
・絵や写真や図などを使って，調べたことをまとめて発表する。
・ヒトの体内での成長や誕生を，メダカの誕生と関係づけながら理解する。
・ヒトの受精卵は，約38週間かけて母親の子宮の中で育ってから生まれてくることを理解する。
・ヒトは，身長約50cm，体重約3000gで生まれてくることを理解する。
・子宮の中は羊水で満たされていて，羊水には胎児を守る役割があることを理解する。
・胎児は，胎盤とへその緒で母親とつながっていることを理解する。
・へその緒を通して胎盤から胎児へと養分を運び，胎児から母親へ不要なものを運んでいることを理解する。
・ヒトは，誕生から半年以上の間，乳を飲んで育つことを理解する。
・ヒトの場合も，誕生した子どもが大きくなって親になり，次の世代へ生命が受け継がれていくことを理解する。 | 共通性・多様性　比較 |
| ○たしかめよう | 1 | ○ヒトの誕生について学んだことを生かして問題を解く。 | 共通性・多様性
多面的に考える |

| 5年 | 啓林 | 教科書：p.52〜59　配当時数：4時間　配当月：7月 |

天気の変化(1)

● 台風と気象情報

内容の区分　B 生命・地球

関連する道徳の内容項目　C 勤労，公共の精神／伝統と文化の尊重，国や郷土を愛する態度　D 生命の尊さ

到達目標

》知識・技能

○台風の進み方や台風が近づいたときの天気の変化についてわかる。

○台風の進み方や台風が近づいてきたときの天気の変化について調べ，その結果をもとに雲画像や言葉を使ってわかりやすくまとめることができる。

○台風について，テレビやインターネットなどから，必要な情報を集めることができる。

○台風による様々な災害の資料をもとにして，災害の備えや情報活用の必要性がわかる。

》思考・判断・表現

○台風が近づいてきたときの天気のようすについて，今までの経験などから根拠のある予想や仮説を立てることができる。

○予想や仮説を確かめるためにはどのように調べればよいか，計画を立てることができる。

○台風の動きと天気の変化を関係づけてとらえ，台風が近づいてきたときの天気の変化について，図や言葉を使ってわかりやすくまとめることができる。

》主体的に学習に取り組む態度　※「主体的に学習に取り組む態度」は方向目標を示しています。

○台風と気象情報について粘り強く追究する活動を通して，天気の変化には台風の動きが関係していることを知り，天気の変化の仕方をまとめようとする。

評価規準

》知識・技能

○台風が近づくと，雨量が多くなり，風が強くなることを理解している。

○天気は台風の動きによって変わることを理解している。

○気象情報の雨量に着目して調べ，わかりやすくまとめている。

○台風の進み方や台風による災害および水不足解消の恵みなどについて理解している。

○テレビやインターネット，新聞などを利用して，台風に関する必要な気象情報を集めている。

●対応する学習指導要領の項目：B(4) ア (ア)(イ)

≫思考・判断・表現

○台風が近づいてきたときの天気のようすについて，今までの経験などから，根拠のある予想や仮説を立てている。

○立てた予想を発表したり，文章にまとめたりしている。

○友だちの意見を聞いて，自分の予想の妥当性について考えている。

○予想を確かめるために，どのような気象情報を集めればよいか計画している。

○台風の動きと天気の変化を関係づけてとらえ，調べた結果をもとに，図や言葉を使ってわかりやすく表現している。

○台風が近づいてきたことによる天気の変化について，インターネットなどで調べた結果をもとに発表し合い，台風の動きと天気の変化の関係について多面的に考察している。

○考察から，台風は日本の南の海上で発生し，北へ向かって進むことが多いことを導き出している。

──● 対応する学習指導要領の項目：B(4) イ

≫主体的に学習に取り組む態度

○台風が近づいてきたときの天気の変化について，根拠のある予想・仮説を立てて情報を集め，集めた情報の内容から自分の考えをまとめている。

○台風の動きと天気の変化との関係を調べる計画について，友だちとの話し合いを通して自らの考えを見直している。

○テレビやインターネット，新聞などを利用して気象情報を集め，わかりやすく台風の雲画像と雨量情報を並べるなどくふうしている。

○台風と気象情報の学習で，わかったこととまだわからないこと，できるようになったこととまだできないことが何かを，自分で考えている。

関連する既習内容

学年		内容
3	年	太陽と地面の様子
4	年	天気の様子

学習活動

小単元名	時数	学習活動	見方・考え方
○台風と気象情報	3	○台風の動きと天気の変化について調べる。 ・教科書 P.52 の宇宙から見た台風の写真を見て，台風が近づいてきたときのようすについて話し合う。 ・テレビや新聞，コンピュータなどを利用して，台風の動きや天気の変化などの気象情報を集め，記録カードなどを使ってわかりやすくまとめる。 ・天気は台風の動きによって変わることを理解する。 ・台風は，日本の南の海上で発生し，北へ向かうことが多いことを理解する。 ・台風が近づくと，短時間で雨量が多くなったり風が強くなったりして，災害が起こることがあることを理解する。	時間的・空間的　比較 関係付け 多面的に考える
○風や雨とわたしたちのくらし	1	○台風などによる強い風や雨と，私たちのくらしの関係について考える。 ・気象情報には様々なものがあり，それを活用した日頃からの備えが大切なことを理解する。	時間的・空間的　比較 関係付け 多面的に考える

| 5年 | 啓林 | 教科書：p.62〜77　配当時数：9時間　配当月：9〜10月 |

受けつがれる生命 (5)

4. 花から実へ

内容の区分　B 生命・地球

関連する道徳の内容項目　C 勤労，公共の精神　D 生命の尊さ／自然愛護

到達目標

》知識・技能

○めばなとおばなのつくりがわかる。

○植物は，受粉すると結実することと，実の中には種子ができることがわかる。

○条件を制御して，植物の受粉と結実の比較実験を正しく行うことができる。

○植物の受粉と結実の比較実験を条件制御しながら行い，その結果を正確にわかりやすく記録することができる。

》思考・判断・表現

○受粉のはたらきについて，根拠のある予想や仮説を立てることができる。

○予想や仮説を確かめるための実験計画を立てることができる。

○実験や観察の条件設定や結果を，わかりやすくまとめることができる。

○植物の受粉の有無と結実するかどうかを関係づけてとらえ，妥当な結論を導き出すことができる。

》主体的に学習に取り組む態度　※「主体的に学習に取り組む態度」は方向目標を示しています。

○植物の受粉や結実について粘り強く追究する活動を通して，植物の受粉と結実の比較実験では条件制御をしながら正確な結果を導き出し，その結果を整理してまとめようとする。

評価規準

》知識・技能

○めばなにはめしべがあり，おばなにはおしべがあることを理解している。

○実ができるためには，花粉がめしべの先につくことが必要であることを理解している。

○ヘチマのめばなとおばなのつくりを観察して記録している。

○顕微鏡を適切に取り扱い，花粉を観察している。

○植物は，受粉するとめしべのもとが実になり，実の中に種子ができることを理解している。

○受粉後の花の変化を調べる実験を条件制御をしながら行い，その条件設定や結果をわかりやすく正確に記録している。

● 対応する学習指導要領の項目：B (1) ア (エ)

》思考・判断・表現

○植物の受粉のはたらきについて，今までに学習したことなどから，根拠のある予想や仮説を立てている。

○立てた予想を発表したり，文章にまとめたりしている。

○友だちの意見を聞いて，自分の予想の妥当性について考えている。

○予想を確かめるための実験計画を立てている。

○条件制御をしながら結実に必要な条件を調べる実験を行い，結果をわかりやすく表現している。

○植物の受粉の有無と結実するかどうかを関係づけて，植物は受粉するとめしべのもとが実になり，実の中に種子ができることを導き出している。

● 対応する学習指導要領の項目：B (1) イ

≫主体的に学習に取り組む態度

○植物の結実に必要な条件について，根拠のある予想・仮説をもとに実験計画を立て，受粉の有無と結実したかどうかを関係づけて整理し，自分の考えをまとめている。

○受粉後の結実を調べる実験計画について，友だちとの話し合いを通して自らの考えを見直している。

○植物の受粉と結実の学習で，わかったこととまだわからないこと，できるようになったこととまだできないことが何かを，自分で考えている。

関連する既習内容

学年		内容
3	年	身の回りの生物
4	年	季節と生物
5	年	植物の発芽，成長，結実 (種子の中の養分，発芽の条件，成長の条件)
5	年	動物の誕生

学習活動

小単元名	時数	学習活動	見方・考え方
○導入	1	○教科書 P.62，63 のヘチマの写真を見て，気づいたことを話し合う。 ・今までに植物を育てた経験から，ヘチマの実に着目して話し合う。	共通性・多様性　比較
1. 花のつくり	3	○ヘチマの花のつくりを調べる。 ・ヘチマには，めばなとおばなという，つくりの違う2種類の花があることを理解する。 ・めばなとおばなを観察して，花のつくりを絵に描いて比べる。 ・めばなにはめしべがあり，おばなにはおしべがあることを理解する。 ・ヘチマやカボチャの花と，アブラナやアサガオの花を比べる。 ・ヘチマの花のめしべとおしべを，虫眼鏡で観察して違いを比べる。 ・顕微鏡の使い方を理解する。 ・おしべの先についている粉を，顕微鏡で観察する。 ・おしべの先についている粉を，花粉ということを理解する。 ・咲いている花のめしべの先に花粉がついているのはなぜか，話し合って考える。 ・咲いている花のめしべの先についている花粉は，昆虫などによっておしべから運ばれたことを理解する。 ・1つの花にめしべとおしべがあるものと，めしべのあるめばなと，おしべのあるおばなが咲くものがあることを理解する。	共通性・多様性　比較

2.花粉のはたらき	4	○受粉と結実の関係を調べる。	共通性・多様性　比較
		・めしべの先に花粉がつくことを受粉ということを理解する。	関係付け
		・これまで学習したメダカやヒトの誕生を思い出し，花粉のはたらきについて考え，話し合う。	
		・結実に受粉が必要かどうか調べる方法を考え，話し合って実験計画を立てる。	
		・受粉させる花と受粉させない花で実験を行い，その結果を記録する。	
		・受粉させた花にだけ実ができたことから，受粉と結実を関係づけて結論を導き出す。	
		・結実のためには，受粉が必要であることを理解する。	
		・ヘチマは受粉するとめしべのもとの膨らんだ部分が実になり，実の中に種子ができることを理解する。	
		・種子から育って花を咲かせた植物は，また種子をつくることで，生命を受け継いでいくことを理解する。	
○たしかめよう	1	○植物の受粉や結実について学んだことを生かして問題を解く。	共通性・多様性 多面的に考える

5
年

| 5年 | 啓林 | 教科書：p.80〜95　配当時数：8時間　配当月：10月 |

天気の変化 (2)

5. 雲と天気の変化

内容の区分　B 生命・地球

関連する道徳の内容項目　C 勤労，公共の精神／伝統と文化の尊重，国や郷土を愛する態度　D 生命の尊さ／自然愛護

到達目標

≫知識・技能

○晴れと曇りの決め方がわかる。

○日本付近の天気の変化のきまりがわかる。

○雲の量や動きに着目して観察し，正確に記録することができる。

○様々なメディアを利用して，気象情報を集めることができる。

≫思考・判断・表現

○雲のようすと天気の変化との関係について，今までの経験などから根拠のある予想や仮説を立てることができる。

○予想や仮説を確かめるための観察計画を立てることができる。

○天気の変化を雲の動きと関係づけてとらえ，日本付近の天気の変化について，図や言葉を使ってわかりやすくまとめることができる。

≫主体的に学習に取り組む態度　※「主体的に学習に取り組む態度」は方向目標を示しています。

○天気の変化について粘り強く追究する活動を通して，天気の変化には雲のようすが関係していることを知り，天気の変化のきまりをまとめようとする。

評価規準

≫知識・技能

○晴れと曇りの決め方や日本付近の天気の変化のきまりを理解している。

○天気は，雲の量や動きに関係していることを理解している。

○雲の量や色，形，動きに着目して観察し，記録カードにわかりやすく正確に記録している。

○インターネット，新聞などを利用して気象情報を集め，わかりやすくまとめている。

●対応する学習指導要領の項目：B(4) ア (ア)(イ)

≫思考・判断・表現

○雲のようすと天気の変化との関係について，今までに経験した天気の変化のようすなどから，根拠のある予想や仮説を立てている。

○立てた予想を発表したり，文章にまとめたりしている。

○友だちの意見を聞いて，自分の予想の妥当性について考えている。

○インターネットなどを利用して集めた気象情報をもとに話し合い，雲の動きと天気の変化の関係について多面的に考察している。

○考察から，日本付近の天気は，雲がおよそ西から東へ移動することに伴って，天気もおよそ西から東へと変化していくことを導き出している。

●対応する学習指導要領の項目：B(4) イ

≫主体的に学習に取り組む態度

○天気の変化のきまりについて，根拠のある予想・仮説を立てて情報を集め，集めた情報の内容から自分の考えをまとめている。

○雲のようすと天気の変化との関係を調べる観察計画について，友だちとの話し合いを通して自らの考えを見直している。

○インターネット，新聞などを利用して気象情報を集め，わかりやすく雲画像を並べるなどくふうしている。

○天気の変化の学習で，わかったこととまだわからないこと，できるようになったこととまだできないことが何かを，自分で考えている。

関連する既習内容

学年		内容
3	年	太陽と地面の様子
4	年	天気の様子
5	年	天気の変化 (台風)

学習活動

小単元名	時数	学習活動	見方・考え方
○導入	1	○教科書 P.80，81 の晴天の空と曇天の空の写真を見て，気づいたことを話し合う。 ・雲のようすに着目して，思ったことを話し合う。	時間的・空間的　比較
1. 雲のようすと天気の変化	2	○雲のようすと天気の変化の関係について調べる。 ・天気が，晴れから曇りや雨に変わるとき，雲のようすはどのように変化するか，経験から予想する。 ・天気が変化しそうな日に，場所を決めて，午前 9 時頃，正午頃，午後 3 時頃の天気と雲のようすを観察して記録する。 ・天気の「晴れ」か「曇り」かは，雲の量で決まることを理解する。 ・観察の結果，雲のようすと天気の変化にどのような関係があったか話し合う。 ・雲の量の増減や，雲の移動によって天気が変化することを理解する。 ・雲の色や形が変わることもあり，黒っぽい雲が増えると雨に変わることが多いことを理解する。	時間的・空間的　比較 関係付け
2. 天気の変化のきまり	3	○雲の動きと天気の変化のきまりを調べる。 ・雲の動きから天気の変化を予想できるか考えて話し合う。 ・雲の動きと天気の変化には，何かきまりがあるのか，予想して調べ方の計画を立てる。 ・雲画像やアメダスなどの気象情報を，数日分インターネットや新聞などで集める。 ・集めた気象情報を日付ごとに整理し，天気の変化を調べる。 ・集めた気象情報と教科書 P.88，89 の資料から，雲の動きと天気の変化を関係づけて考察をまとめ，発表する。 ・日本付近の雲は西から東へ動いていき，雲の動きとともに，天気もおよそ西から東へ変わっていくことを理解する。	時間的・空間的 関係付け

○雨や雪とわたしたち のくらし	1	○雨や雪と私たちのくらしの関係について考える。 ・雨や雪による災害とその備え，もたらされる恵みについて理解する。	時間的・空間的 多面的に考える
○たしかめよう	1	○天気の変化について学んだことを生かして問題を解く。	時間的・空間的 多面的に考える

| 5年 | 啓林 | 教科書：p.96〜113　配当時数：12時間　配当月：10〜11月 |

6. 流れる水のはたらき

内容の区分　B 生命・地球

関連する道徳の内容項目　C 伝統と文化の尊重，国や郷土を愛する態度　D 生命の尊さ／自然愛護

到達目標

≫知識・技能

○流れる水には，侵食，運搬，堆積のはたらきがあることがわかる。

○流れる水の量とはたらきを調べる実験を，条件制御しながら適切に行い，その結果を記録することができる。

○流れる水のはたらきの大きさを，水の流れる速さや水量と関係づけてとらえ，その関係をわかりやすくまとめることができる。

○山の中と平地，海の近くの石の大きさや形の違いを，わかりやすくまとめることができる。

○流れる場所によって変化する川や周りのようすについて，写真やコンピュータなどから必要な情報を集めることができる。

≫思考・判断・表現

○流れる水のはたらきによる地面のようすの変化について，今までの経験などから根拠のある予想や仮説を立てることができる。

○予想や仮説を確かめるためにはどのように調べればよいか，計画を立てることができる。

○流れる水のはたらきによる地面のようすの変化について，図や言葉を使ってわかりやすくまとめることができる。

≫主体的に学習に取り組む態度　※「主体的に学習に取り組む態度」は方向目標を示しています。

○流れる水のはたらきと土地の変化について粘り強く追究する活動を通して，土地の変化には流れる水のはたらきが関係していることを知り，まとめようとする。

評価規準

≫知識・技能

○流れる水には，土地を侵食したり，削った石や土を運搬したり堆積させたりするはたらきがあることを理解している。

○流れる水の量とはたらきを調べる実験を，条件制御しながら適切に行っている。

○曲がっている所の水の流れの速さや土の削られ方を観察し，正確に記録している。

○山の中と平地，海の近くの石の大きさや形の違いをわかりやすくまとめている。

○川の増水による災害を防ぐための様々なくふうを資料をもとに理解している。

○本やコンピュータなどを利用して，川が流れる場所によって変化するようすのわかる資料を集めている。

●対応する学習指導要領の項目：B(3) ア (ア)(イ)(ウ)

≫思考・判断・表現

○流れる水のはたらきについて，今までの経験などから，根拠のある予想を立てている。

○立てた予想を発表したり，文章にまとめたりしている。

○友だちの意見を聞いて，自分の予想の妥当性について考えている。

○流れる水のはたらきと土地の変化を関係づけてとらえ，調べた結果をもとに，図や言葉を使ってわかりやすく表現している。

●対応する学習指導要領の項目：B(3) イ

≫主体的に学習に取り組む態度

○流れる水のはたらきと土地の変化について，根拠のある予想・仮説を立てて情報を集め，集めた情報の内容から自分の考えをまとめている。

○土で山をつくって，流れる水のはたらきを調べるときの実験計画について，友だちとの話し合いを通して自らの考えを見直している。

○流れる水のはたらきと土地の変化の学習で，わかったこととまだわからないこと，できるようになったこととまだできないことが何かを，自分で考えている。

関連する既習内容

学年		内容
4	年	雨水の行方と地面の様子
5	年	天気の変化

学習活動

小単元名	時数	学習活動	見方・考え方
○導入	1	○教科書 P.96，97 の川の航空写真を見て，気づいたことを話し合う。 ・蛇行して流れる川を高い位置から見たときの川原のようすなどに着目して，気づいたことを話し合う。	時間的・空間的　比較
1. 地面を流れる水	3	○流れる水のはたらきを調べる。 ・雨の日に地面を流れる水の流れ方には，どのような特徴があるか話し合う。 ・流れる水にどのようなはたらきがあるか調べるための実験計画を立てる。 ・土で山をつくり，曲がったところのある溝をつけ，溝の上から少しずつ水を流し，地面の変化を調べて記録する。(実験1) ・流れる水には，地面を侵食したり，土を運搬したり堆積させたりするはたらきがあることを理解する。 ・流れの速い所では地面が侵食され，緩やかな所では土が堆積することを理解する。	時間的・空間的　比較 関係付け
2. 流れる水の量が変わるとき	2	○水量が増えたときの，流れる水のはたらきの変化を調べる。 ・身近な川の，大雨のときと大雨の前後での変化のようすを比べる。 ・川のモデルをつくり，流す水の量を変えて，はたらきの違いを調べる実験をする。(実験2) ・流れる水の量が増えると，侵食・運搬のはたらきが大きくなることを理解する。	時間的・空間的　比較 関係付け　条件制御
3. 川の流れとそのはたらき①	3	○実際の川の流れとはたらきを調べる。 ・川原や川岸を見渡せる所から，水の流れや周りのようすを調べたり，川原に下りて，石の形などを調べる。 ・実際の川の流れも，流れの外側は速く深く，内側は遅く丸い石や砂が積もっていて，侵食と堆積が起こっていることを理解する。	時間的・空間的　比較 関係付け

3. 川の流れとそのはたらき②	1	○流れる場所による，川のようすとそのはたらきの違いを調べる。 ・実験1で傾きが急な所と緩やかな所で川のようすとはたらきが違ったことから，実際の川の流れる場所による違いを調べる。 ・山の中，平地，海や湖の近くでの川や周りのようすを，写真や資料，コンピュータなどを利用して調べる。 ・調べたことと教科書 P.106，107 の写真から，流れる場所による川と周りのようす，はたらきの変化を考察しまとめる。 ・流れる場所によって，川幅，流れの速さ，川原の石の形状が違うことを理解する。 ・山の中の石は角張って大きく，平地や海の近くの石は小さくて丸い石や砂が多いということを理解する。	時間的・空間的　比較 関係付け
○川とわたしたちのくらし	1	○川の増水による災害を防ぐ様々な取り組みを理解する。 ・川の水は様々に利用され，私たちの生活に欠かせないものであることを理解する。	時間的・空間的 多面的に考える
○たしかめよう	1	○流れる水のはたらきと土地の変化について学んだことを生かして問題を解く。	時間的・空間的 多面的に考える

| 5年 | 啓林 |

教科書：p.118～131　配当時数：7時間　配当月：11～12月

7. ふりこのきまり

| 内容の区分 | A 物質・エネルギー

| 関連する道徳の内容項目 | A 希望と勇気，努力と強い意志／真理の探究　C 勤労，公共の精神／国際理解，国際親善

到達目標

》知識・技能

○振り子が1往復する時間は，振り子の長さによって決まることがわかる。

○振り子が1往復する時間は，おもりの重さ，振れ幅によっては変化しないことがわかる。

○振り子が1往復する時間が何によって変わるのかを調べる実験を，条件を制御しながら適切に行い，その結果を正確に記録することができる。

》思考・判断・表現

○振り子が1往復する時間と，振り子の長さ・おもりの重さ・振れ幅との関係について，実際に振り子を動かしたことから予想や仮説を立てることができる。

○予想や仮説を確かめるための実験計画を立てることができる。

○複数の実験の結果から論理的に思考し，結論を導き出すことができる。

○振り子が1往復する時間と振り子の長さを関係づけてとらえ，その関係についてわかりやすくまとめることができる。

》主体的に学習に取り組む態度　※「主体的に学習に取り組む態度」は方向目標を示しています。

○振り子の運動について粘り強く追究する活動を通して，振り子が1往復する時間には振り子の長さが関係していることを知り，まとめようとする。

評価規準

》知識・技能

○振り子が1往復する時間は，振り子の長さによって決まることを理解している。

○振り子が1往復する時間は，おもりの重さや振れ幅によっては変化しないことを理解している。

○調べたい条件以外の条件は，全て同じにすることを理解している。

○振り子の長さ，おもりの重さ，振れ幅の条件に着目して実験し，表にわかりやすく整理して記録している。

○条件制御を適切に行いながら，振り子が1往復する時間を変化させる条件を調べる実験を行い，その結果を正確に記録している。

　　　　　　　　　　　　　　　　　　　　　　　　　　　　　● 対応する学習指導要領の項目：A(2) ア (ア)

》思考・判断・表現

○振り子が1往復する時間を変化させる条件について，実際に振り子を動かしたときに気づいたことなどから，根拠のある予想や仮説を立てている。

○立てた予想を発表したり，文章にまとめたりしている。

○友だちの意見を聞いて，自分の予想の妥当性について考えている。

○予想を確かめるための実験を計画している。

○振り子の実験結果から，振り子が1往復する時間は，振り子の長さによって決まることを導き出している。

　　　　　　　　　　　　　　　　　　　　　　　　　　　　　● 対応する学習指導要領の項目：A(2) イ

≫主体的に学習に取り組む態度

○振り子が1往復する時間と，振り子の長さ・おもりの重さ・振れ幅との関係を調べる実験計画について，友だちとの話し合いを通して自らの考えを見直している。

○振り子の1往復する時間のきまりについて，根拠のある予想・仮説をもとに実験計画を立て，実験結果から自分の考えをまとめている。

○振り子の運動の学習で，わかったこととまだわからないこと，できるようになったこととまだできないことが何かを，自分で考えている。

関連する既習内容

学年		内容
3	年	風とゴムの力の働き

学習活動

小単元名	時数	学習活動	見方・考え方
○導入	1	○振り子について話し合う。 ・振り子を用いたものに，どのようなものがあるか考える。	量的・関係的　比較 関係付け
1. ふりこが1往復する時間①	2	○振り子が1往復する時間は，何によって変わるのかを調べる。 ・振れ幅，おもりの重さ，振り子の長さの3つを変えて振り子を振り，友だちの振り子と振れ方の違いを比べ，原因について考える。 ・振り子が1往復する時間は，どのような条件で変わるのか，話し合って予想する。 ・振り子が1往復する時間に関係する条件を調べるときは，調べる条件だけを変えることを理解する。	量的・関係的　比較 関係付け　条件制御
1. ふりこが1往復する時間②	3	○条件を制御しながら，振り子が1往復する時間を変化させる条件を調べる実験をする。 ・振り子が1往復する時間の求め方を理解し，振り子の1往復する時間を，平均を出して求める計画を立てる。 ・振れ幅を変えると1往復する時間が変わるか調べる実験を，グループに分かれて行い，記録を取る。 ・全てのグループの結果をまとめて考察を行い，振れ幅を変えても振り子が1往復する時間は変わらないことを理解する。 ・同様に，おもりの重さ，振り子の長さを変えて実験し，考察を行う。 ・全ての実験の結果から，振り子が1往復する時間は，振り子の長さによって変わることを理解する。 ・振れ幅やおもりの重さを変えても，振り子の長さが同じならば，1往復する時間は変わらないことを理解する。	量的・関係的　比較 関係付け　条件制御
○たしかめよう	1	○振り子の運動について学んだことを生かして問題を解く。	量的・関係的 多面的に考える

| 5年 | 啓林 | 教科書：p.132〜153　配当時数：16時間　配当月：1〜2月 |

8. もののとけ方

内容の区分　A 物質・エネルギー

関連する道徳の内容項目　C 勤労，公共の精神／伝統と文化の尊重，国や郷土を愛する態度

到達目標

》知識・技能

○物が水に溶けても，水と物を合わせた全体の重さは変わらないことがわかる。

○物が水に溶ける量には限度があることがわかる。

○物が水に溶ける量は，水の量や温度，溶ける物によって異なることがわかる。

○物が水に溶ける量は水の量や温度によって違うことを利用して，溶けている物を取り出せることがわかる。

○物が水に溶ける量を調べる実験を条件制御しながら適切に行い，その結果を正確に記録することができる。

》思考・判断・表現

○物が水に溶ける量と水の量や温度との関係について，今までの経験などから根拠のある予想や仮説を立てることができる。

○予想や仮説を確かめるための実験計画を立てることができる。

○物が水に溶ける量と水の量や温度を関係づけてとらえ，その関係についてわかりやすくまとめることができる。

》主体的に学習に取り組む態度　　※「主体的に学習に取り組む態度」は方向目標を示しています。

○物の溶け方について粘り強く追究する活動を通して，物の溶け方には水の量や温度が関係していることを知り，まとめよう
とする。

評価規準

》知識・技能

○ (水の重さ) + (溶かした物の重さ) = (水溶液の重さ) であることを理解している。

○物が水に溶ける量には限度があり，物が水に溶ける量と水の量や温度との関係について理解している。

○物が水に溶ける量は水の量や温度によって違うことを利用して，溶けている物を取り出せることを理解している。

○水の量や温度に着目して実験し，表やグラフにわかりやすく整理して記録している。

○メスシリンダーやろ過器具などを，適切に取り扱って安全に実験を行っている。

○条件制御を適切に行いながら，物が水に溶ける量を調べる実験を行い，その結果を正確に記録している。

●対応する学習指導要領の項目：A(1) ア (ア)(イ)(ウ)

》思考・判断・表現

○物が水に溶ける量と水の量や温度との関係について，今までに生活のなかで経験したことなどから，根拠のある予想や仮
説を立てている。

○立てた予想を発表したり，文章にまとめたりしている。

○友だちの意見を聞いて，自分の予想の妥当性について考えている。

○予想を確かめるための実験を計画している。

○食塩とミョウバンを使った実験結果から，物が水に溶ける量は，水の量や温度，溶ける物によって違うことを導き出して
いる。

●対応する学習指導要領の項目：A(1) イ

≫主体的に学習に取り組む態度

○物の溶け方のきまりについて，根拠のある予想・仮説をもとに実験計画を立て，実験結果から自分の考えをまとめている。

○物が水に溶ける量と水の量や温度との関係を調べる実験計画について，友だちとの話し合いを通して自らの考えを見直している。

○物の溶け方の学習で，わかったこととまだわからないこと，できるようになったこととまだできないことが何かを，自分で考えている。

関連する既習内容

学年		内容
3	年	物と重さ
4	年	金属，水，空気と温度 (水の三態変化)

学習活動

小単元名	時数	学習活動	見方・考え方
○導入	2	○食塩の粒を水に溶かして観察する。 ・食塩を水に溶かして，気づいたことや疑問に思ったことを話し合う。 ・水溶液は，水に物が溶けた透明な液体であることを理解する。	質的・実体的　比較
1. 水にとけたものの重さ	2	○水に溶けた物の重さはどうなるのか調べる。(実験 1) ・水に溶けた物の重さはどうなるのか，話し合って予想し，確かめる方法を考える。 ・電子てんびんなどの使い方を理解する。 ・物を溶かす前の全体の重さと，物を溶かした後の全体の重さをはかって比べる。 ・実験の結果，溶かす前と溶かした後の全体の重さは同じであったことから，物の重さは水に溶けても変わらないことを理解する。 ・物が溶けて目には見えなくなっても，水溶液の中にあることを理解する。	質的・実体的　比較 関係付け
2. ものが水にとける量①	2	○物が水に溶ける量には限りがあるのか調べる。(実験 2) ・メスシリンダーの使い方を理解する。 ・物が水に溶ける量には限りがあるのか予想し，それを調べる方法を考える。 ・水 50mL に，計量スプーンすりきり 1 杯ずつの食塩を入れてかきまぜ，溶け残るまで繰り返し，何杯溶けるか記録する。 ・ミョウバンでも食塩と同様の実験を行い，結果を記録する。 ・実験の結果から，一定量の水に溶ける物の量には限りがあること，水に溶ける量は物によって異なることを理解する。 ・食塩やミョウバンの水に溶ける量を増やすにはどうすればよいか，これまでの経験や学習から考えて話し合う。	質的・実体的　比較 関係付け　条件制御

5年

2. ものが水にとける量 ②	2	○水の量を増やすと水に溶ける物の量はどうなるか調べる。(実験3)	質的・実体的　比較 関係付け　条件制御
		・水の量を増やすと水に溶ける物の量はどうなるか予想し，水を100mLに増やして実験2と同様の実験をする。	
		・実験の結果を実験2の結果もあわせて表やグラフで表し，全てのグループの結果をまとめたものを考察する。	
		・水の量を増やすと溶ける物の量も増え，水の量を2倍に増やすと溶ける物の量も2倍に増えることを理解する。	
2. ものが水にとける量 ③	2	○水の温度を上げると水に溶ける物の量はどうなるか調べる。(実験4)	質的・実体的　比較 関係付け　条件制御
		・水の温度を上げると水に溶ける物の量はどうなるか予想し，実験の計画を立てる。	
		・ビーカーの水の温度を測り，実験2と同じ方法で食塩が溶ける量を調べる。	
		・この水溶液を30℃まであたため，溶け残った食塩が全て溶けた後，何杯まで溶けるか調べ，さらに60℃まであたためて同様に調べる。	
		・ミョウバンも同じように調べて結果をまとめ，結果について考察する。	
		・実験の結果から，水の温度を上げても食塩の溶ける量はほぼ変わらないが，ミョウバンは溶ける量が増えることを理解する。	
		・考察から，物が水に溶ける量は，水の量や温度，溶ける物によって違うことを導き出す。	
3. とかしたものを取り出すには ①	3	○水溶液を冷やして溶けている物を取り出せるか調べる。(実験5)	質的・実体的　比較 関係付け　条件制御
		・冷めた水溶液からミョウバンが出てきた理由を考え，水溶液から食塩やミョウバンを取り出すにはどうすればよいか考える。	
		・ろ過の仕方を理解する。	
		・水溶液を冷やすと，溶けている物を取り出せるのか，実験4の水溶液をそれぞれろ過し，ろ過した液を氷水で冷やす。	
		・実験の結果から，ミョウバンは水溶液を冷やすと取り出せるが，食塩は取り出すことができないことを理解する。	
3. とかしたものを取り出すには ②	2	○水溶液の水を蒸発させて溶けている物を取り出せるか調べる。(実験6)	質的・実体的　比較 関係付け　条件制御
		・水溶液の水を蒸発させると，溶けている物を取り出せるのか，実験5のろ過した液をそれぞれ蒸発皿に入れて蒸発させる。	
		・実験の結果から，食塩もミョウバンも，水溶液から水を蒸発させると取り出すことができることを理解する。	
		・水溶液から水を蒸発させたり，水溶液の温度を下げたりすると，水に溶けている物を取り出すことができることを導き出す。	
○たしかめよう	1	○物の溶け方について学んだことを生かして問題を解く。	質的・実体的 多面的に考える

| 5年 | 啓林 |

教科書：p.154〜171　配当時数：13時間　配当月：2〜3月

9. 電流と電磁石

内容の区分　A 物質・エネルギー

関連する道徳の内容項目　D 自然愛護

到達目標

》知識・技能

○コイルと電磁石についてわかる。

○電流の向きが変わると電磁石の極も変わることがわかる。

○電磁石の強さは，コイルに流れる電流の大きさやコイルの巻き数によって変わることがわかる。

○電磁石の強さを電流の大きさやコイルの巻き数などの条件を制御しながら調べ，その結果を正しく記録することができる。

》思考・判断・表現

○電磁石の力をもっと強くする方法について，これまでに学習したことから，予想や仮説を立てることができる。

○予想や仮説を確かめるための実験計画を立てることができる。

○複数の実験の結果から論理的に思考し，結論を導き出すことができる。

○電磁石の極と電流の向きを関係づけてとらえ，その関係についてわかりやすくまとめることができる。

》主体的に学習に取り組む態度　※「主体的に学習に取り組む態度」は方向目標を示しています。

○電磁石の性質について粘り強く追究する活動を通して，電磁石の強さは電流の大きさやコイルの巻き数が関係していることを知り，まとめようとする。

評価規準

》知識・技能

○電流の向きが変わると電磁石の極も変わることを理解している。

○電磁石の強さは，電流の大きさやコイルの巻き数によって変わることを理解している。

○実験方法を考え，変える条件・変えない条件を明確にした実験を計画している。

○調べたい条件以外の条件は，全て同じにすることを理解している。

○条件制御を適切に行いながら，電磁石の力を強くする条件を調べる実験を行っている。

○コイルに流れる電流の大きさやコイルの巻き数の条件に着目して実験し，表にわかりやすく整理して記録している。

●対応する学習指導要領の項目：A(3) ア (ア)(イ)

》思考・判断・表現

○電磁石の力を強くする条件について，4年生で学んだ乾電池の数やつなぎ方によって電流の大きさが変わることを思い出して，根拠のある予想や仮説を立てている。

○立てた予想を発表したり，文章にまとめたりしている。

○友だちの意見を聞いて，自分の予想の妥当性について考えている。

○予想を確かめるための実験を計画している。

○電磁石の強さと電流の大きさやコイルの巻き数との関係を，言葉でわかりやすく表現している。

○電磁石の極を変える実験結果から，電流の向きが変わると電磁石の極も変わることを導き出している。

●対応する学習指導要領の項目：A(3) イ

≫主体的に学習に取り組む態度

○電磁石の強さと電流の大きさやコイルの巻き数との関係を調べる実験計画について，友だちとの話し合いを通して自らの考えを見直している。

○電磁石の強さと電流の大きさやコイルの巻き数との関係について，根拠のある予想・仮説をもとに実験計画を立て，実験結果から自分の考えをまとめている。

○電磁石の性質の学習で，わかったこととまだわからないこと，できるようになったこととまだできないことが何かを，自分で考えている。

関連する既習内容

学年		内容
3	年	電気の通り道
3	年	磁石の性質
4	年	電流の働き

学習活動

小単元名	時数	学習活動	見方・考え方
○導入	1	○電磁石について気づいたことを話し合う。 ・導線を同じ向きに何回も巻いたものをコイルということを理解する。 ・コイルの中に鉄心を入れて電流を流すと磁石のようなはたらきをするものになり，これを電磁石ということを理解する。	量的・関係的 比較 関係付け
1. 電磁石の極の性質①	3	○電磁石を作る。 ・電磁石を作り，電磁石のはたらきを調べる。 ・電磁石と棒磁石を比べて，似ているところと違うところを話し合う。	量的・関係的 比較 関係付け
1. 電磁石の極の性質②	3	○電磁石にはどのような性質があるのか調べる。 ・電磁石にも極があるのか，予想して実験計画を立てる。 ・方位磁針を使って電磁石にN極とS極があるか調べる。 ・乾電池をつなぐ向きを変え，電流の向きを逆にするとどうなるか調べる。 ・実験の結果から，電磁石には，棒磁石と同じようにN極とS極があることを理解する。 ・コイルに流れる電流の向きが変わると，N極とS極が入れ替わることを理解する。 ・電磁石は，コイルに電流が流れているときだけ磁石の性質をもつことを理解する。	量的・関係的 比較 関係付け

2. 電磁石の強さ	5	○電磁石を強くする方法を調べる。 ・4年生で学んだ乾電池の数やつなぎ方と電流の大きさとの関係を思い出しながら予想し，実験の計画を立てる。 ・電流計の使い方を理解する。 ・乾電池の数を変えて電流の大きさを変え，それぞれ何個の鉄のゼムクリップを引きつけるか調べる。 ・コイルの巻き数を変えて，それぞれ何個の鉄のゼムクリップを引きつけるか調べる。 ・結果から，電磁石が強くなるのはどのようなときか，考えて話し合う。 ・電流を大きくしたり，コイルの巻き数を多くしたりすると，電磁石は強くなることを理解する。 ・電磁石を利用したおもちゃを作る。	量的・関係的　比較 関係付け　条件制御
○たしかめよう	1	○電磁石の性質について学んだことを生かして問題を解く。	量的・関係的 多面的に考える

5年

6年 啓林   教科書：p.8〜23 配当時数：9時間 配当月：4〜5月

1. ものが燃えるしくみ

内容の区分 A 物質・エネルギー

到達目標

≫知識・技能

○物が燃えるときには，空気中の酸素が使われて二酸化炭素ができることがわかる。

○物が燃えたときの空気の変化や，物が燃えることについて，わかりやすくまとめることができる。

○物の燃焼の前後の空気を比べる実験を適切に行い，その結果を記録することができる。

≫思考・判断・表現

○物が燃えたときの空気の変化について，根拠のある予想や仮説を立てることができる。

○物が燃えたときの空気の変化について，より妥当な考えをつくりだし，表現することができる。

≫主体的に学習に取り組む態度　※「主体的に学習に取り組む態度」は方向目標を示しています。

○燃焼の仕組みについて粘り強く追究する活動を通して，物が燃えたときの空気の変化を知り，燃焼の仕組みをまとめようとする。

評価規準

≫知識・技能

○瓶の中で物が燃え続けるには，空気が入れ替わる必要があることを理解している。

○空気にはおもに，窒素，酸素，二酸化炭素が含まれていることを理解している。

○酸素には物を燃やすはたらきがあることを理解している。

○気体検知管や石灰水を用いて，物の燃焼の前後の空気を比べる実験を適切に行っている。

○物が燃えると，空気中の酸素の一部が使われて，二酸化炭素ができることを理解している。

○物の燃焼の前後の空気の組成の比較実験の結果を，正確に記録している。

●対応する学習指導要領の項目：A(1) ア (ア)

≫思考・判断・表現

○缶の上だけでなく，下にも穴をあけた方がよく燃えるのは，空気とどのような関係があるのか予想を立てている。

○空気の出入りがある方が燃えたことから，空気の出入りと物の燃え方との関係について考察している。

○物が燃えた後，空気中の酸素が減って二酸化炭素が増えていたことから，燃焼の仕組みについて多面的に考察している。

○気体検知管や石灰水を使った実験結果を総合的にとらえて考察し，物が燃えると，空気中の酸素の一部が使われて，二酸化炭素ができることを導き出している。

●対応する学習指導要領の項目：A(1) イ

≫主体的に学習に取り組む態度

○燃焼の仕組みについて，根拠のある予想を立てて実験し，実験内容と結果を関係づけて自分の考えをまとめている。

○物が燃えるということに興味・関心をもち，物が燃える前後の空気の変化を進んで調べようとしている。

○燃焼の実験結果をもとに考察したことについて，自分の意見を図や言葉を使って人にわかりやすく伝えるくふうをしている。

○燃焼の仕組みの学習で，わかったこととまだわからないこと，できるようになったこととまだできないことが何かを，自分で考えている。

関連する既習内容

学年		内容
4	年	空気と水の性質
4	年	金属，水，空気と温度 (温まり方の違い)

学習活動

小単元名	時数	学習活動	見方・考え方
○導入	1	○物がよく燃えるためのくふうについて考える。 ・教科書P.8，9の写真を見て，薪がよく燃えるためのくふうについて考え，話し合う。	質的・実体的 関係付け
1. ものの燃え方と空気の動き	2	○物の燃え方と空気の動きについて調べる。 ・缶の上だけに穴をあけたものと上下に穴をあけたもので割りばしを燃やし，燃え方の違いを調べる。 ・缶の下にも穴をあけたものの方がよく燃えるのは，空気とどのような関係があるのか予想する。 ・隙間と空気の動きに着目し，瓶の中のろうそくがよく燃える空気の動き方を調べる。 ・ろうそくの燃え方と線香の煙の動きを図に記録する。 ・空気の出入りと物の燃え方に関係があるのか，実験の結果から考え，話し合う。 ・空気の入れ替わりがあることで物がよく燃え続けることを理解する。 ・空気は，窒素，酸素，二酸化炭素などの気体からできていることと，それらの空気中での体積の割合を理解する。	質的・実体的　比較 関係付け 多面的に考える
2. 燃やすはたらきのある気体	2	○物を燃やすはたらきがあるのは，窒素，酸素，二酸化炭素のうちどの気体か調べる。 ・窒素，酸素，二酸化炭素の中でろうそくが燃えるかどうかを調べ，その結果を記録する。 ・実験の結果を整理して，それぞれの気体に物を燃やすはたらきがあるかどうかをまとめる。 ・酸素には物を燃やすはたらきがあり，窒素と二酸化炭素にはないことを理解する。 ・物が燃えるには，酸素が必要であることを理解する。	質的・実体的　比較

6年

119

| 3. ものが燃えるときの空気の変化 | 3 | ○物を燃やす前と後の空気の違いを，気体検知管と石灰水を使って調べる。
・気体検知管，石灰水などの使い方を理解する。
・物を燃やす前の瓶の中の酸素と二酸化炭素の割合を，気体検知管と石灰水を使って調べ，記録する。
・瓶の中でろうそくを燃やした後の酸素と二酸化炭素の割合を，気体検知管と石灰水を使って調べ，記録する。
・調べたことから，物を燃やす前と後の空気の変化についてまとめる。
・物が燃えるときは空気中の酸素が使われ，物が燃えると二酸化炭素が発生することを理解する。 | 質的・実体的　比較
多面的に考える |
| ○たしかめよう | 1 | ○燃焼の仕組みについて学んだことを生かして問題を解く。 | 質的・実体的
多面的に考える |

| 6年 | 啓林 | 教科書：p.24〜45　配当時数：10時間　配当月：5〜6月 |

2. ヒトや動物の体

内容の区分　B 生命・地球

関連する道徳の内容項目　D 生命の尊さ／自然愛護

到達目標

≫知識・技能

○ヒトの消化・吸収，呼吸，血液の循環に関わる体内の各器官のつくりとはたらきがわかる。

○ヒトの体とほかの動物の体との差異点や共通点がわかる。

○唾液のはたらきや，呼吸の仕組みを調べる実験が安全にできる。

○ヒトや動物の体のつくりやはたらきについて，本やコンピュータなどで必要な情報を集めることができる。

≫思考・判断・表現

○ヒトや動物の消化・吸収，呼吸，血液の循環について，経験したことや既習内容から予想を立てることができる。

○予想や仮説を確かめるための実験計画を立てることができる。

○実験の結果や調べたことを多面的に考察し，妥当な結論を導き出すことができる。

≫主体的に学習に取り組む態度　※「主体的に学習に取り組む態度」は方向目標を示しています。

○ヒトや動物の体のつくりやはたらきについて粘り強く追究する活動を通して，生命を維持する働きを知り，生命を尊重しようとする。

評価規準

≫知識・技能

○食べ物は，口，胃，腸などの消化管を通る間に消化・吸収され，吸収されなかった物は排出されることを理解している。

○ヒトは呼吸によって体内に酸素を取り入れ，体外に二酸化炭素を出していることを理解している。

○血液は，心臓のはたらきで体内を循環し，養分，酸素，二酸化炭素などを運んでいることを理解している。

○体内には，生命活動を維持するための様々な臓器があることと，そのはたらきを理解している。

○唾液のはたらきや呼吸の仕組みを調べる実験を安全に行っている。

○唾液のはたらきや呼吸の仕組みを調べる実験の結果を，正確に記録している。

○ヒトや動物の体の構造や各器官のはたらきについて，本やコンピュータなどで必要な情報を集めている。

●対応する学習指導要領の項目：B(1) ア (ア)(イ)(ウ)(エ)

≫思考・判断・表現

○燃焼の仕組みで学習したことから，呼吸のはたらきについて予想し，実験の計画を立てている。

○血液のはたらきを，消化や呼吸などのはたらきから総合的に考えて予想している。

○立てた予想を発表している。

○友だちの意見を聞いて，自分の予想の妥当性について考えている。

○実験結果や本やコンピュータなどで調べたことをもとに考察し，ヒトやほかの動物は様々な臓器が関わり合いながら生命を維持していることを導き出している。

●対応する学習指導要領の項目：B(1) イ

≫主体的に学習に取り組む態度

○ヒトや動物の体の構造やはたらきに興味・関心をもち，本やコンピュータなどを活用しながら調べている。

○唾液のはたらきを調べる実験結果をもとに考察したことについて，自分の意見を人にわかりやすく伝えるくふうをしている。

○呼吸のはたらきを調べる実験計画について，友だちとの話し合いを通して自らの考えを見直している。

○ヒトや動物の体のつくりやはたらきの学習で，わかったこととまだわからないこと，できるようになったこととまだできないことが何かを，自分で考えている。

関連する既習内容

学年		内容
3	年	身の回りの生物
4	年	人の体のつくりと運動
5	年	植物の発芽，成長，結実 (種子の中の養分)
5	年	動物の誕生 (魚)
6	年	燃焼の仕組み

学習活動

小単元名	時数	学習活動	見方・考え方
○導入	1	○ヒトや動物は，生きていくために必要なものをどのように体内に取り入れているのか考える。 ・食べることや呼吸することについて気づいたことを話し合う。	共通性・多様性 多面的に考える
1.食べ物のゆくえ①	1	○唾液によるでんぷんの変化を調べる。 ・ご飯をよくかむと甘く感じるようになるのはなぜか話し合う。 ・食べ物が口の中でどのように変化するのか，でんぷんと唾液に着目して予想し，ヨウ素液を使った実験の計画を立てる。 ・実験の結果から考察，でんぷんは口の中で唾液とまざるとでんぷんではない別の物に変化することを導き出す。 ・消化の意味と消化液について理解する。	質的・実体的　比較 多面的に考える
1.食べ物のゆくえ②	1	○食べ物の体内での消化と吸収の仕組みについて調べる。 ・食べた物が体内でどうなるのか話し合う。 ・図鑑や模型，コンピュータなどを使って，消化と吸収の仕組みについて調べる。 ・口から食道，胃，小腸，大腸，肛門までの食べ物の通り道を消化管ということを理解する。 ・食べ物は消化によって養分に変化し，小腸で吸収され，血管を通して全身に運ばれたり肝臓に蓄えられたりすることを理解する。 ・吸収されずに残ったものは，便として肛門から排出されることを理解する。	共通性・多様性 関係付け 多面的に考える

2. ヒトや動物と空気	2	○吸う空気と吐き出した息の違いについて調べる。 ・ヒトや動物が，なぜ空気を吸ったり息を吐き出したりしているのか話し合う。 ・燃焼の仕組みの学習を振り返り，吸う空気と吐き出した息の違いについて予想を立て，実験の計画を立てる。 ・吸う空気と吐き出した息をそれぞれ袋に入れ，気体検知管や石灰水を使って成分を調べる。 ・実験の結果から，考察を行い，まとめる。 ・ヒトや動物は空気を吸って酸素を体内に取り入れ，体外に二酸化炭素を吐き出していることを理解し，これを呼吸ということを理解する。 ・酸素は肺を通して血液中に取り入れられ，全身に運ばれることを理解する。 ・体内でできた二酸化炭素は，血液中に取り入れられて肺に運ばれ，肺から吐き出す息によって体外に出されることを理解する。	質的・実体的 共通性・多様性 関係付け 多面的に考える
3. 体をめぐる血液	3	○血液の流れとはたらきについて調べる。 ・心臓のはたらきと，拍動，脈拍について理解する。 ・脈を探して脈拍を数えたり，手や聴診器で拍動を数えて脈拍の回数と比べたりする。また軽い運動を行って脈拍の変化を調べる。 ・血液は心臓から送り出され，血管を通って全身に運ばれ，また心臓に戻ることを理解する。 ・血液の流れやはたらきを，これまでの学習から考えて予想する。 ・図鑑や模型，コンピュータなどを使って血液の通り道とはたらきについて調べる。 ・血液は全身に酸素や養分を運び，二酸化炭素や体内でできた不要物を受け取っていることを理解する。 ・心臓から肺へ送られた血液は，肺で二酸化炭素を出し，酸素を受け取って再び心臓に戻ることを理解する。 ・体内でできた不要物は血液によって腎臓へ運ばれ，尿として排出されることを理解する。	共通性・多様性 関係付け
4. 生命を支えるしくみ	1	○血液の流れから見た臓器のつながりをまとめる。 ・食べ物の消化吸収，呼吸，排便や排尿について，血液の流れを通した臓器どうしのつながりをまとめる。 ・臓器は，血液によってつながり合ってはたらいていることを理解する。	共通性・多様性 関係付け 多面的に考える
○たしかめよう	1	○ヒトや動物の体のつくりやはたらきについて学んだことを生かして問題を解く。	共通性・多様性 多面的に考える

6年

| 6年 | 啓林 | 教科書：p.46～65　配当時数：8時間　配当月：6月 |

3. 植物のつくりとはたらき

内容の区分　B 生命・地球

関連する道徳の内容項目　C 国際理解，国際親善　D 生命の尊さ／自然愛護

到達目標

》知識・技能

○根・茎・葉には水の通り道があることがわかる。

○根から取り入れられた水は，水の通り道を通って体全体に行き渡り，葉から蒸散していることがわかる。

○植物も動物と同じように呼吸をしていることと，日光が当たると二酸化炭素を取り入れ酸素を出していることがわかる。

○植物が出し入れする気体が何かを調べる実験を適切に行い，その結果を記録することができる。

○葉に日光が当たると，でんぷんができることがわかる。

○日光を当てた葉と当てない葉で，でんぷんのでき方を比べる実験を適切に行い，その結果を記録することができる。

》思考・判断・表現

○植物と水や養分との関わりについて問題を見つけることができる。

○予想や仮説を確かめるための実験計画を立てることができる。

○葉の蒸散実験の結果から，より妥当な考えを導き出し，表現することができる。

○日光とでんぷんのでき方との関係を調べる実験結果から，より妥当な考えを導き出し，表現することができる。

○葉にできた養分が，植物の成長とどのように関わっているかを考えることができる。

》主体的に学習に取り組む態度　※「主体的に学習に取り組む態度」は方向目標を示しています。

○植物の水との関わりについて粘り強く追究する活動を通して，水の通り道や蒸散について知り，まとめようとする。

○植物の成長と日光との関わりについて粘り強く追究する活動を通して，葉ででんぷんをつくるはたらきについて知り，まとめようとする。

評価規準

》知識・技能

○植物の水の通り道を理解している。

○根から取り入れられた水は，葉から蒸散していることを理解している。

○植物の蒸散実験を条件制御しながら適切に行い，結果を正確に記録している。

○植物も動物と同じように呼吸をして，酸素を取り入れ二酸化炭素を出すことを理解している。

○日光が当たると，植物は二酸化炭素を取り入れ酸素を出していることを理解している。

○気体検知管を用いて，植物が出し入れする気体が何かを適切に調べている。

○でんぷんができるためには，葉に日光が当たることが必要であることを理解している。

○葉ででんぷんができるために必要な条件を調べた実験結果を，正確に記録している。

● 対応する学習指導要領の項目：B(2) ア (ア)(イ)　(3) ア (ア)

≫思考・判断・表現

○5年生の植物の発芽の学習をもとに，植物の成長にでんぷんが必要かどうかについて根拠のある予想を立てている。

○立てた予想を発表したり，文章にまとめている。

○友だちの意見を聞いて，自分の予想の妥当性について考えている。

○予想を確かめるための実験を計画している。

○植物の蒸散実験の結果をもとに，葉まで行き渡った水のゆくえについて考え，わかりやすく表現している。

● 対応する学習指導要領の項目：B(2) イ　(3) イ

≫主体的に学習に取り組む態度

○植物の水の通り道を調べる実験計画について，友だちとの話し合いを通して自らの考えを見直している。

○植物と空気との関わりについて，根拠のある予想・仮説を立てて実験し，実験内容と結果を関係付けて自分の考えをまとめている。

○植物の成長と日光の実験結果をもとに考察したことについて，自分の意見を人にわかりやすく伝えるくふうをしている。

○植物のつくりとはたらきの学習で，わかったこととまだわからないこと，できるようになったこととまだできないことが何かを，自分で考えている。

○植物に関心をもって，大切にしようとしている。

関連する既習内容

学年	内容
3 年	身の回りの生物
4 年	季節と生物
4 年	天気の様子 (水の自然蒸発と結露)
4 年	人の体のつくりと運動
5 年	植物の発芽，成長，結実
6 年	燃焼の仕組み
6 年	人の体のつくりと働き

学習活動

小単元名	時数	学習活動	見方・考え方
○導入	1	○教科書 P.46，47 のビルの屋上まで伸びる植物の写真を見て，気づいたことを話し合う。 ・植物の成長に必要なものは何であったか，これまでの学習を思い出して話し合う。	共通性・多様性 関係付け

1. 植物と水①	1	○植物に取り入れられる水の通り道を調べる。 ・しおれた植物に水を与えると，なぜもとに戻るのかを話し合う。 ・根が取り入れた水は，植物のどこを通って体全体に行き渡るのか予想する。 ・色水を使って，植物に取り入れられる水の通り道を調べる。 ・植物の根についた土を洗い落とし，根を色水に数時間浸して根，茎，葉の色の変化と水面の高さの変化を観察する。 ・根，茎，葉をナイフで切り，虫眼鏡などで切り口のようすを観察し，色水で染まった部分を記録する。 ・実験の結果から，植物には根から茎，葉へと続く水の通り道があり，この通り道を通って植物全体に水が行き渡ることを理解する。	共通性・多様性 関係付け 多面的に考える
1. 植物と水②	1	○葉まで運ばれた水がその後どうなるのかゆくえを調べる。 ・植物に取り入れられ，葉まで運ばれた水がその後どうなるのか，予想して実験の計画を立てる。 ・葉を全て取った植物と葉をつけたままの植物に，ポリエチレンの袋を被せて口を縛り，約15分後，袋の内側のようすを観察する。 ・実験の結果から考察し，水は葉から水蒸気として出ていくことを導き出す。 ・植物の体から水が水蒸気となって出ていくことを蒸散といい，出ていく小さな穴を気孔ということを理解する。	共通性・多様性　比較 関係付け　条件制御
2. 植物と空気	1	○植物での気体の出入りを調べる。 ・植物の気体のやり取りを予想して実験の計画を立てる。 ・穴をあけた袋を植物の葉に被せて穴からストローで息を吹き込み，その空気を5回ほど吸ったり吐いたりしてから穴をふさぐ。 ・袋の中の酸素と二酸化炭素の割合を気体検知管で調べ，さらによく日光に当てて1時間後にもう一度測定し，割合の変化を調べる。 ・実験の結果から，植物の葉は日光が当たっているときには，空気中の二酸化炭素を取り入れ，酸素を出すことを理解する。 ・植物には，水のほかに二酸化炭素が必要であることを理解する。	共通性・多様性　比較 関係付け　条件制御
3. 植物と養分	3	○日光と葉のでんぷんについて調べる。 ・5年生の植物の発芽と成長の学習を振り返り，日光と植物の成長にはどのような関係があるのか話し合う。 ・植物の葉に日光が当たるとでんぷんができるのか，調べる方法を考える。 ・葉のでんぷんの有無の調べ方を理解する。 ・前日の夕方に3枚の葉をアルミニウム箔で包んでおき，翌日の朝，1枚目の葉のアルミニウム箔を外し，でんぷんの有無を調べる。 ・2枚目の葉はアルミニウム箔を外し，3枚目の葉はアルミニウム箔をつけたまま日光に当てておく。 ・4，5時間後，日光に当てておいた2枚の葉のでんぷんの有無を調べる。 ・実験の結果から考察し，葉に日光が当たると，でんぷんがつくられることを導き出す。 ・植物の葉に日光が当たってでんぷんがつくられること，植物は生きるための養分を自分でつくっていることを理解する。	共通性・多様性　比較 関係付け　条件制御
○たしかめよう	1	○植物のつくりとはたらきについて学んだことを生かして問題を解く。	共通性・多様性 多面的に考える

| 6年 | 啓林 | 教科書：p.66〜81　配当時数：7時間　配当月：6〜7月 |

わたしたちの地球 (1)

4. 生物どうしのつながり

内容の区分　B 生命・地球

関連する道徳の内容項目　D 生命の尊さ／自然愛護

到達目標

≫知識・技能

○生物は，「食べる・食べられる」という関係でつながっていることがわかる。

○動物の食べ物のもとをたどると，自分で養分をつくる生物に行きつくことがわかる。

○生物どうしの「食べる・食べられる」という一連の関係を食物連鎖ということがわかる。

○生物は，水や空気を通して関わり合って生きていることがわかる。

○顕微鏡を正しく使い，水中の小さな生物を観察することができる。

○本やコンピュータなどの様々な資料を利用して，必要な情報を集めることができる。

≫思考・判断・表現

○生物と食べ物，生物と空気や水との関わりを調べ，自然界のつながりを総合的にとらえ，生物と環境との関係を図や言葉を使ってわかりやすくまとめることができる。

≫主体的に学習に取り組む態度　　※「主体的に学習に取り組む態度」は方向目標を示しています。

○生物と環境との関わりについて粘り強く追究する活動を通して，生物が水や空気を通して周囲の環境と関わって生きていることや，生物間には「食べる・食べられる」という関係があることを知り，まとめようとする。

評価規準

≫知識・技能

○生物は，「食べる・食べられる」という関係でつながっていることを理解している。

○動物の食べ物のもとをたどると，自分で養分をつくる生物に行きつくことを理解している。

○生物どうしの「食べる・食べられる」という一連の関係を食物連鎖ということを理解している。

○顕微鏡を正しく使い，水中の小さな生物を観察している。

○生物は，水や空気を通して関わり合って生きていることを理解している。

○本やコンピュータなどを活用し，必要な情報を集めている。

　　　　　　　　　　　　　　　　　　　　　　　　　　　　　　● 対応する学習指導要領の項目：B(3) ア (ア)(イ)

≫思考・判断・表現

○今までに学習したことをもとに，生物が食べ物や空気，水を通してどのように関わり合っているのかということや，水と生物の関係について，根拠のある予想を立てている。

○立てた予想を発表したり，文章にまとめている。

○友だちの意見を聞いて，自分の予想の妥当性について考えている。

○生物の食べ物を通した関わり合いについて，様々な動物の食べ物を調べた結果をもとに発表し合い，多面的に考察している。

○考察から，生物と食べ物，空気，水との関わりを総合的に導き出してまとめている。

　　　　　　　　　　　　　　　　　　　　　　　　　　　　　　　　　　　● 対応する学習指導要領の項目：B(3) イ

》主体的に学習に取り組む態度

○生物と食べ物の関わりについて粘り強く追究し，食物連鎖について考察している。

○生物と空気との関わりを調べて考察したことを，人にわかりやすく伝えるくふうをしている。

○生物と環境との関わりの学習で，わかったこととまだわからないこと，できるようになったこととまだできないことが何かを，自分で考えている。

○生物に関心をもって，大切にしようとしている。

関連する既習内容

学年		内容
3	年	身の回りの生物
4	年	季節と生物
5	年	動物の誕生
6	年	植物の養分と水の通り道
6	年	人の体のつくりと働き

学習活動

小単元名	時数	学習活動	見方・考え方
○導入	1	○教科書P.66，67のカワセミが魚を捕まえる写真などを見て，気づいたことを話し合う。 ・生物どうしが，食べ物などを通して，どのように関わり合っているのか，これまで学習したことを振り返り，話し合う。	共通性・多様性　比較 関係付け
1. 食べ物を通した生物のつながり①	1	○食べ物のもとを調べる。 ・私たちが食べているものは，どのように養分を取り入れているのかを考えて話し合う。 ・教科書P.69に提示された2つの料理の食材を書き出し，植物と動物に分けて，それぞれの生物がどのように養分をとっているか調べる。 ・本やコンピュータなどを活用して，食べ物のもとをたどって行きつく生物を調べる。 ・食べ物のもとをたどると，自分で養分をつくる生物に行きつくことをまとめる。 ・生物どうしは，「食べる・食べられる」の関係でつながっており，このつながりを食物連鎖ということを理解する。	共通性・多様性 関係付け 多面的に考える
1. 食べ物を通した生物のつながり②	2	○自然の池や川でも食物連鎖が見られるか調べる。 ・プレパラートの作り方を理解する。 ・池や川の水を網ですくって水の中に洗い出し，顕微鏡で観察して見つけた生物をメダカに与え，メダカが食べるか調べる。 ・実験の結果から，水中の生物どうしも食物連鎖でつながり合っていることを理解する。	共通性・多様性 関係付け 多面的に考える

| 2. 空気や水を通した生物のつながり | 2 | ○生物が空気や水を通してどのように関わり合っているか確かめる。
・植物や動物が空気や水とどのように関わり合っていたか，これまでの学習を思い出して話し合う。
・植物と動物の酸素と二酸化炭素の出入りを示す矢印を教科書 P.77 の図に書き入れ，空気を通しての関わり合いを確かめる。
・水と水蒸気の出入りを示す矢印を教科書 P.77 の図に書き入れ，生物とその間をどのようにめぐっているか確かめる。
・空気も水も，動植物の体を出たり入ったりしており，生物が生きていくために欠かせないものであることを理解する。 | 共通性・多様性　比較
条件制御
多面的に考える |
| ○たしかめよう | 1 | ○生物と環境との関わりについて学んだことを生かして問題を解く。 | 共通性・多様性
多面的に考える |

| 6年 | 啓林 |

教科書：p.92〜111　配当時数：14時間　配当月：9〜10月

5. 水よう液の性質

内容の区分　A　物質・エネルギー

到達目標

≫知識・技能

○溶けているもの，色，においなどの性質から，水溶液を分けることができる。

○水溶液には気体や固体が溶けているものがあり，酸性・中性・アルカリ性に分けられることがわかる。

○水溶液を扱う実験を安全に行い，その結果を正確に記録することができる。

≫思考・判断・表現

○予想や仮説を確かめるための実験計画を立てることができる。

○金属が溶けた水溶液を加熱して得られるものの性質から，金属が水溶液によって質的に変化していることを説明することができる。

○水溶液の性質を調べる実験の結果から，より妥当な考えを導き出し，表現することができる。

≫主体的に学習に取り組む態度　※「主体的に学習に取り組む態度」は方向目標を示しています。

○水溶液の性質について粘り強く追究する活動を通して，水溶液の性質やはたらきの違いについて知り，まとめようとする。

評価規準

≫知識・技能

○水溶液には，気体が溶けているものと固体が溶けているものがあることを理解している。

○水溶液は，その性質によって酸性・アルカリ性・中性に分けられることを理解している。

○水溶液には，金属を変化させるものがあることを理解している。

○リトマス紙を使って水溶液の性質を調べ，その結果を記録している。

○水溶液を扱う際の注意事項を知り，正しく取り扱っている。

○水溶液を扱う実験を安全に行い，その結果を正確に記録している。

●対応する学習指導要領の項目：A(2) ア (ア)(イ)(ウ)

≫思考・判断・表現

○友だちの意見を聞いて，自分の予想の妥当性について考えている。

○リトマス紙を使って水溶液の性質を調べ，赤色と青色のリトマス紙のそれぞれの色の変化を表にわかりやすくまとめている。

○金属が溶けた水溶液を加熱して得られるものの性質から，金属が水溶液によって質的に変化していることを関係づけてわかりやすく表現している。

●対応する学習指導要領の項目：A(2) イ

≫主体的に学習に取り組む態度

○5種類の水溶液は，どうすれば区別することができるのか，根拠のある予想を立てて実験の計画を立てている。

○水溶液の性質を調べる実験計画について，友だちとの話し合いを通して自らの考えを見直している。

○水溶液の性質を調べる実験結果をもとに考察したことについて，自分の意見を人にわかりやすく伝えるくふうをしている。

○水溶液の性質の学習で，わかったこととまだわからないこと，できるようになったこととまだできないことが何かを，自分で考えている。

関連する既習内容

学年	内容
5 年	物の溶け方
6 年	燃焼の仕組み

学習活動

小単元名	時数	学習活動	見方・考え方
○導入	1	○身の回りの水溶液について気づいたことを話し合う。 ・5年生で水溶液について学習したことを振り返り，身の回りの水溶液について気づいたことを話し合う。	質的・実体的　比較
1. いろいろな水よう液①	2	○5種類の水溶液を区別する方法を調べる。 ・全て透明な5種類の水溶液を区別する方法を話し合って予想し，実験の計画を立てる。 ・ピペットの使い方を理解する。 ・5種類の水溶液の見た目のようすやにおいの違いを調べ記録する。 ・5種類の水溶液を蒸発させ，残った物のようすを調べ記録する。 ・調べた結果をまとめた表の考察から，5種類の水溶液を3つの仲間には分けられるが，それ以上は区別できないこと導き出す。 ・水溶液は，見た目のようすやにおい，蒸発させたときのようすで区別できるものもあることを理解する。 ・蒸発させても何も残らない水溶液もあることを理解する。 ・蒸発実験で何も残らなかった水溶液には何が溶けているのか，次の問題につなげる。 ・何も残らなかった水溶液には気体が溶けていることを理解する。	質的・実体的　比較
1. いろいろな水よう液②	2	○炭酸水に二酸化炭素が溶けていることを調べる。 ・二酸化炭素の性質を利用して，炭酸水に二酸化炭素が溶けていることを確かめるための実験計画を立てる。 ・炭酸水から出る気体を試験管2本に集め，1本には石灰水を入れて，もう1本には火のついた線香を入れて気体の性質を調べる。 ・石灰水が白く濁る・火がすぐ消えるなどの実験結果から，炭酸水には二酸化炭素が溶けているといえることを理解する。 ・水溶液には，固体だけでなく気体が溶けているものがあることを理解する。 ・見た目のようすやにおい，溶けている物のほかに，水溶液を区別する方法があるのか，次の問題につなげる。	質的・実体的 多面的に考える

2. 水よう液の仲間分け	2	○リトマス紙を使って5種類の水溶液を調べる。 ・リトマス紙の使い方を理解する。 ・赤色と青色のリトマス紙に調べる水溶液をつけて，色の変化を観察し記録する。 ・リトマス紙の色の変化から，いくつの仲間に分けることができるかを考える。 ・仲間分けできた水溶液の3つの性質は，酸性・中性・アルカリ性ということを理解する。 ・見た目・におい・蒸発実験で3つの仲間に分けたものにリトマス紙を使うと5種類に区別できることを理解する。	質的・実体的　比較 多面的に考える
3. 水よう液と金属①	2	○金属に塩酸を加えたときの変化を調べる。 ・塩酸の入った容器には金属が使われていないことから問題を見つける。 ・塩酸を含む水溶液が金属製品に使えない理由を，金属に塩酸を加えて調べる。 ・鉄とアルミニウムを別々の試験管に入れたものを，それぞれ2組ずつ用意する。 ・1組目には塩酸を，2組目には水を入れ，それぞれの変化のようすを比較する。 ・鉄やアルミニウムは，塩酸を加えると泡を出し，小さくなって見えなくなることを理解する。 ・鉄やアルミニウムは，水を加えても変化しないことを理解する。 ・塩酸には，鉄やアルミニウムなどの金属を溶かすはたらきがあるので，金属製品に使えないことを理解する。 ・塩酸を加えて溶けた金属は，溶けた液体の中に残っているのかどうか，次の問題につなげる。	質的・実体的　比較 多面的に考える
3. 水よう液と金属②	2	○塩酸に溶けた金属について調べる。 ・塩酸に溶けて見えなくなった金属はどうなったかを予想し，実験計画を立てる。 ・塩酸に鉄が溶けた液体から上澄み液を取り，弱火で加熱し，蒸発皿に残った物のようすを調べる。 ・塩酸にアルミニウムが溶けた液体も同様にし，残った物のようすを調べる。 ・実験の結果，固体が出てきたことから，金属は塩酸の中に溶け込んでいたことを考察する。 ・出てきた固体が，もとの金属とは見た目が違うことから，次の問題につなげる。	質的・実体的　比較 多面的に考える

3. 水よう液と金属③	2	○塩酸に金属が溶けた液体から出てきた固体について調べる。	質的・実体的　比較
		・もとの金属と同じ物か調べるにはどうすればよいか，もとの金属	多面的に考える
		の性質から考えて実験の計画を立てる。	
		・もとの金属と出てきた固体の見た目を比べる。	
		・もとの金属と出てきた固体に磁石を近づけ，磁石につくか調べる。	
		・もとの金属と出てきた固体をそれぞれ試験管に入れ，塩酸を加え	
		て変化を比べる。	
		・実験の結果をもとに，出てきた固体はもとの金属と同じ物といえ	
		るか話し合う。	
		・塩酸に金属が溶けた液体から水を蒸発させて出てきた固体は，も	
		との金属と性質が違っていることを理解する。	
		・水溶液には金属の性質を変化させるものがあることを理解する。	
○たしかめよう	1	○水溶液の性質について学んだことを生かして問題を解く。	質的・実体的
			多面的に考える

6年

133

| 6年 | 啓林 |

教科書：p.112〜121　配当時数：6時間　配当月：10〜11月

6. 月と太陽

| 内容の区分 | B 生命・地球

| 関連する道徳の内容項目 | C 伝統と文化の尊重，国や郷土を愛する態度／国際理解，国際親善

到達目標

≫知識・技能

○月は太陽の光を受けて輝いていることと，月の形の見え方が日によって変化するのは，月と太陽の位置が関係していることがわかる。

○月の形の変化や月と太陽の位置について，安全に観察したり記録したりすることができる。

○月の形の見え方と太陽の位置との関係を調べる実験を適切に行い，その結果を記録することができる。

≫思考・判断・表現

○予想や仮説を確かめるための実験計画を立てることができる。

○月の形の変化を，太陽，月，地球の位置と関係づけてとらえ，その関係を説明することができる。

○月の形の見え方と太陽の位置との関係を調べる実験の結果から，より妥当な考えを導き出し，表現することができる。

≫主体的に学習に取り組む態度　※「主体的に学習に取り組む態度」は方向目標を示しています。

○月の形とその変化について粘り強く追究する活動を通して，月の形の見え方と太陽の位置の関係について知り，まとめようとする。

評価規準

≫知識・技能

○月は太陽の光を受けて輝いていることを理解している。

○月の形の見え方が日によって変化するのは，月と太陽の位置が関係していることを理解している。

○月と太陽の位置について調べる観察を安全に行い，観察結果を正確に記録している。

○月の形の見え方と太陽の位置との関係を調べる実験を適切に行い，結果を正確に記録している。

●対応する学習指導要領の項目：B(5) ア (ア)

≫思考・判断・表現

○友だちの意見を聞いて，自分の予想の妥当性について考えている。

○予想を確かめるための実験を計画している。

○月と太陽の位置について調べた観察結果をもとに，図に描いて正確にわかりやすく表現している。

○月の形が変化することを，月と太陽の位置関係が変化することと関係づけてとらえ，月の形が変化して見える理由を，図や言葉でわかりやすく表現している。

●対応する学習指導要領の項目：B(5) イ

≫主体的に学習に取り組む態度

○月の形の見え方が日によって変化する理由について，根拠のある予想・計画を立てて実験し，実験内容と結果とを関係づけて自分の考えをまとめている。

○月の形の見え方と太陽の位置との関係を調べる実験計画について，友だちとの話し合いを通して自らの考えを見直している。

○月の形の見え方と太陽の位置との関係を調べる実験結果をもとに考察したことについて，自分の意見を人にわかりやすく伝えるくふうをしている。

○月と太陽の学習で，わかったこととまだわからないこと，できるようになったこととまだできないことが何かを，自分で考えている。

関連する既習内容

学年		内容
3	年	太陽と地面の様子
4	年	月と星

学習活動

小単元名	時数	学習活動	見方・考え方
○導入	1	○教科書 P.112, 113 の写真を見て，気づいたことを話し合う。 ・月と日光の当たった給水タンクの写真を見て，疑問に思ったことや気づいたことを話し合う。	時間的・空間的 関係付け
1. 月の形の変化と太陽	4	○月の形が変化する理由を調べる。 ・月は球形をしていて，太陽の光が当たっている部分だけが見えていることを理解する。 ・夕方に見える月を観察し，月の形の見え方と位置，太陽の位置を調べ，記録する。 ・数日後の同時刻に見える月を観察し，月の形の見え方と位置，太陽の位置を調べ，記録する。 ・月の形の見え方が日によって変化するのは，月と太陽の位置に関係があるのか，調べるための実験計画を立てる。 ・月に見立てたボールの位置を動かして，太陽に見立てた電灯の光を当てる実験を行い，月の形の見え方の変化を調べ，記録する。 ・実験の結果をもとに，月の形と太陽の位置関係には何かきまりがあるのか考察する。 ・月の輝いている側に太陽があり，月と太陽の位置関係が変わるため月の形の見え方が変わることを理解する。	時間的・空間的　比較 関係付け　条件制御 多面的に考える
○たしかめよう	1	○月と太陽について学んだことを生かして問題を解く。	時間的・空間的 多面的に考える

6年

135

| 6年 | 啓林 |

教科書：p.122〜151　配当時数：16時間　配当月：11〜12月

7. 大地のつくりと変化

内容の区分　B 生命・地球

関連する道徳の内容項目　C 伝統と文化の尊重，国や郷土を愛する態度／国際理解，国際親善　D 生命の尊さ／自然愛護

到達目標

≫知識・技能

○大地は，礫，砂，泥，火山灰などからできていて，それぞれの層は，広い範囲で積み重なっていることがわかる。

○地層は，流れる水のはたらきや火山の噴火によってできることがわかる。

○大地は，火山の噴火や地震によってようすが変化することがわかる。

○地層のようすを安全に観察したり，層に含まれている礫や砂などを採取して調べることができる。

○火山活動や地震による災害や防災・減災活動などについて，本やコンピュータ，博物館などを活用して必要な情報を集めることができる。

≫思考・判断・表現

○予想や仮説を確かめるための実験計画を立てることができる。

○層の構成物などから，流れる水のはたらきでできた層か，火山のはたらきでできた層かを導き出すことができる。

○地層を観察した結果から，より妥当な考えを導き出し，表現することができる。

≫主体的に学習に取り組む態度　※「主体的に学習に取り組む態度」は方向目標を示しています。

○大地のつくりと変化について粘り強く追究する活動を通して，地層のでき方や火山活動や地震による大地の変化について知り，まとめようとする。

評価規準

≫知識・技能

○大地は，礫，砂，泥，火山灰などからできていることを理解している。

○地層は，流れる水のはたらきによって運搬された礫や，砂，泥などが，海底などに層になって積み重なり，それが繰り返されることによってできることを理解している。

○地層から見つかる動物や植物の一部，動物のすみか，足あとなどを化石ということを理解している。

○地層のようすを安全に観察したり，層に含まれている礫や砂などを採取して調べ，その結果をわかりやすく記録している。

○博物館や科学館，本やコンピュータなどを活用して必要な情報を集め，その結果をわかりやすくまとめている。

○火山活動や地震によって大地が変化することを理解している。

●対応する学習指導要領の項目：B (4) ア (ア)(イ)(ウ)

≫思考・判断・表現

○友だちの意見を聞いて，自分の予想の妥当性について考えている。

○層の構成物からその地層のでき方を予想し，わかりやすくまとめて表現している。

○博物館や本やコンピュータなどで調べたことから，火山活動や地震と大地が変化することを関係づけてわかりやすく表現している。

●対応する学習指導要領の項目：B (4) イ

≫主体的に学習に取り組む態度

○地層のでき方について，根拠のある予想・仮説を立てて実験し，実験内容と結果とを関係づけて自分の考えをまとめている。

○地層のでき方を調べる実験計画について，友だちとの話し合いを通して自らの考えを見直している。

○地層のでき方を調べる実験結果をもとに考察したことについて，自分の意見を人にわかりやすく伝えるくふうをしている。

○大地のつくりと変化の学習で，火山活動や地震によって大地が変化することを知り，防災や減災対策で自分たちにできることを考え，取り組もうとしている。

関連する既習内容

学年		内容
4	年	雨水の行方と地面の様子
5	年	流れる水の働きと土地の変化

学習活動

小単元名	時数	学習活動	見方・考え方
○導入	1	○教科書 P.122，123 の地層の写真を見て，気づいたことを話し合う。 ・崖の縞模様や，その縞模様が曲がっていたり遠くまで続いていることに着目し，気づいたことを話し合う。	時間的・空間的　比較 関係付け
1. 大地のつくり	4	○地層について調べる。 ・地層はどのようなものからできているのか，どうすれば地層を調べることができるかを話し合って計画を立てる。 ・崖などで地層を観察し，地層全体の様子，それぞれの層をつくっている粒の大きさや形，手触りなどを調べる。 ・ボーリング試料を地表からの深さの順に並べたり，層の粒を調べて深さで表した図にまとめる。 ・博物館の展示やコンピュータを利用して調べる。 ・調べた結果から，地層は礫・砂・泥，火山灰などが層になって積み重なってできていることを理解し，まとめる。 ・地層には化石が含まれていることもあることや，地層は横にも奥にも広がっていることを理解する。	時間的・空間的　比較 関係付け

6年

137

2. 地層のでき方①	4	○水のはたらきによる地層のでき方を調べる。 ・5年生の「流れる水のはたらき」の学習をもとに，水のはたらきによる地層のでき方を調べる。 ・水のはたらきによる地層のでき方について話し合う。 ・ペットボトルに礫・砂・泥をまぜた土を入れ，水を入れてよく振りまぜ，どのように堆積したか観察する。 ・堆積のモデル装置を作り，礫・砂・泥をまぜた土を水で静かに流し込む実験をして結果を記録する。 ・実験の結果から，礫・砂・泥は，粒の大きさに分かれて水底に堆積することを理解する。 ・地層はこのような堆積が何度も繰り返されてできることを理解する。	時間的・空間的　比較 関係付け
2. 地層のでき方②	2	○火山灰の粒の特徴について調べる。 ・火山灰を水でよく洗い，水の濁りがなくなったら乾かしてからペトリ皿に移し，双眼実体顕微鏡で火山灰と砂の粒を観察し，比較する。 ・火山灰の粒は，角張ったものが多く，ガラスのかけらのような透明なものもあることを理解する。 ・火山灰は，流れる水のない場所でも降り積もり，地層をつくることを理解する。	時間的・空間的　比較 関係付け
3. 火山や地震と大地の変化	3	○火山活動や地震による大地の変化について調べる。 ・火山活動や地震による大地の変化について，本やコンピュータ，専門施設で資料を集めたり，地域の人に話を聞いたりして調べる。 ・火山活動や地震による災害についても調べる。 ・火山活動によって，山や島ができたり湖ができたりするなど，大地が変化することがあることを理解する。 ・断層ができることで地震が起こり，山崩れや地割れなどで大地が変化することがあることを理解する。	時間的・空間的 関係付け 多面的に考える
○火山や地震とわたしたちのくらし	1	○火山や地震とわたしたちのくらしの関係について考える。 ・火山災害や地震災害に備えた様々な取り組みについて理解する。 ・火山の利用とめぐみについて理解する。	時間的・空間的 関係付け 多面的に考える
○たしかめよう	1	○大地のつくりと変化について学んだことを生かして問題を解く。	時間的・空間的 多面的に考える

| 6年 | 啓林 |

教科書：p.152〜167　配当時数：10 時間　配当月：1〜2 月

8. てこのはたらき

内容の区分　A　物質・エネルギー

関連する道徳の内容項目　C 伝統と文化の尊重，国や郷土を愛する態度／国際理解，国際親善　D 生命の尊さ

到達目標

》知識・技能

○支点・力点・作用点の用語の意味と，てこを利用した道具の仕組みがわかる。

○てこを利用して，小さな力で物を持ち上げることができる。

○実験の結果を，正確にわかりやすく記録することができる。

》思考・判断・表現

○てこの規則性に関する課題について，根拠のある予想や仮説を立てることができる。

○予想や仮説を確かめるための実験計画を立てることができる。

○実験の結果を多面的に考察し，妥当な結論を導き出すことができる。

》主体的に学習に取り組む態度　※「主体的に学習に取り組む態度」は方向目標を示しています。

○てこについて粘り強く追究する活動を通して，身の回りにある様々な道具にてこが利用されていることを知り，てこの規則性やはたらきをまとめようとする。

評価規準

》知識・技能

○てこには，3 つの点 (支点・力点・作用点) があることを理解している。

○てこの仕組みを理解している。

○てこを利用して物を持ち上げるときの力は，支点から力点や作用点までの位置が関係していることを理解している。

○てこの腕を傾けるはたらきは，おもりの重さ (力の大きさ) ×支点からの距離で表せることを理解している。

○棒の傾いている方が大きな力がはたらいていることと，棒が水平になったときは左右の力の大きさが同じになっていることを理解している。

○てこを扱う実験を安全に行っている。

○てこの規則性を調べる実験の結果を，正確に記録している。

● 対応する学習指導要領の項目：A(3) ア (ア)(イ)

≫思考・判断・表現

○支点から力点や作用点までの距離を変えたときの手応えの変化をもとに，てこの規則性について根拠のある予想を立てている。

○立てた予想を発表したり，文章にまとめている。

○友だちの意見を聞いて，自分の予想の妥当性について考えている。

○予想を確かめるための実験を計画している。

○てこの3つの点の距離を変えたときの手応えの違いについて，結果をもとに発表し合い，3つの点の位置と手応えとの関係について多面的に考察している。

○考察から，棒を傾けるはたらきの大きさは，「力点にかかるおもりの重さ」と「支点からの距離」の積になることを導き出している。

———————————————————● 対応する学習指導要領の項目：A(3) イ

≫主体的に学習に取り組む態度

○てこの規則性について，根拠のある予想・仮説を立てて実験し，実験内容と結果とを関係づけて自分の考えをまとめている。

○てこの実験計画について，友だちとの話し合いを通して自らの考えを見直している。

○てこの実験結果をもとに考察したことについて，自分の意見を人にわかりやすく伝えるくふうをしている。

○てこのはたらきの学習で，わかったこととまだわからないこと，できるようになったこととまだできないことが何かを，自分で考えている。

関連する既習内容

学年		内容
3	年	風とゴムの力の働き
5	年	振り子の運動

学習活動

小単元名	時数	学習活動	見方・考え方
○導入	1	○教科書 P.152，153 のバールを使ってくぎを抜く写真を見て，気づいたことを話し合う。 ・バールを持つ位置などに着目して，小さな力でも楽に作業ができる道具について話し合う。	量的・関係的　比較

1. 棒を使った「てこ」	3	○支点から力点，支点から作用点までの距離と手応えとの関係について調べる。 ・てこの仕組みを理解する。 ・てこをどう使えば重い物を小さな力で持ち上げることができるのか，バールでの例を参考に，話し合って予想を立てる。 ・棒のてこを使い，支点と作用点の位置は変えず，力点の位置だけを動かして手応えの変化を表にまとめる。 ・棒のてこを使い，支点と力点の位置は変えず，作用点の位置だけを動かして手応えの変化を表にまとめる。 ・実験の結果から，小さな力で持ち上げるには，力点と作用点をどのようにすればよいのか考察してまとめる。 ・支点から力点までは長く，支点から作用点までは短いほど，小さな力で重いものを持ち上げられることを理解する。	量的・関係的 条件制御 多面的に考える
2. てこのうでをかたむけるはたらき	2	○実験用てこを使って，てこが水平につり合うときを調べる。 ・実験用てこの左右の腕につるすおもりの重さや位置を変えて，つり合うときのおもりの位置と重さを調べ，記録する。 ・実験の結果から考察し，てこが水平につり合うときの規則性を見つけて，まとめる。 ・てこが水平につり合うとき，支点からの距離とおもりの重さは反比例することを理解する。 ・おもりの重さ×支点からの距離で表されるてこの腕を傾けるはたらきが左右で等しいとき，てこはつり合うことを理解する。	量的・関係的 多面的に考える
3. てこを利用した道具	3	○てこを利用した道具の仕組みについて調べる。 ・てこを利用した道具にどのようなものがあるか話し合う。 ・てこを利用した道具を探し，実際に使ってみて，支点・力点・作用点を見つける。 ・調べた道具を支点・力点・作用点の並び方で3つの仲間に分け，共通する点を考える。 ・力点や作用点の位置を変えて道具を使い，必要な力がどのように変わるか調べ，気づいたことを記録する。 ・実験の結果から，3つの仲間に共通する点と違う点を話し合い，てこを利用した道具のくふうを理解し，まとめる。	量的・関係的　比較 多面的に考える
○たしかめよう	1	○てこのはたらきについて学んだことを生かして問題を解く。	量的・関係的 多面的に考える

| 6年 | 啓林 | 教科書：p.168〜187　配当時数：14 時間　配当月：2〜3 月 |

9. 発電と電気の利用

内容の区分 A　物質・エネルギー

関連する道徳の内容項目　D 自然愛護

到達目標

》知識・技能

○電気は，つくったり蓄えたりすることができ，光，音，熱，運動など様々な形に変えて利用できることがわかる。

○身の回りには，電気を光，音，熱，運動などに変えて利用している道具がたくさんあることがわかる。

○手回し発電機やコンデンサーを使って実験を行い，その結果を正確に記録することができる。

》思考・判断・表現

○予想や仮説を確かめるための実験計画を立てることができる。

○豆電球と発光ダイオードの明かりのついている時間の違いから，豆電球よりも発光ダイオードの方が使用する電気の量が少ないことを説明することができる。

○電気を何に変えて利用しているのかを調べる実験の結果から，より妥当な考えを導き出し，表現することができる。

○プログラミングの学習で，プログラミングをした目的やその内容をわかりやすく説明することができる。

》主体的に学習に取り組む態度　※「主体的に学習に取り組む態度」は方向目標を示しています。

○電気の利用について粘り強く追究する活動を通して，電気を光，音，熱，運動などに変えて利用していることについて知り，まとめようとする。

○プログラミングの学習で，目的に合ったセンサーを選び，粘り強くプログラムを完成させようとする。

評価規準

》知識・技能

○電気は，つくったり蓄えたりすることができ，光，音，熱，運動など様々な形に変えて利用できることを理解している。

○身の回りには，電気を光，音，熱，運動などに変えて利用している道具がたくさんあることを理解している。

○手回し発電機やコンデンサー，光電池などを，安全に正しく取り扱っている。

○手回し発電機やコンデンサーを適切に使って実験を行い，その結果を正確に記録している。

●対応する学習指導要領の項目：A(4) ア (ア)(イ)(ウ)

》思考・判断・表現

○友だちの意見を聞いて，自分の予想の妥当性について考えている。

○豆電球と発光ダイオードの明かりのついている時間を電気の使用量に関係づけて考え，豆電球よりも発光ダイオードの方が使用する電気の量が少ないことを説明している。

○プログラミングの学習で，エネルギーを効率よく使用するためのプログラムを考えている。

●対応する学習指導要領の項目：A(4) イ

≫主体的に学習に取り組む態度

○発電・蓄電について調べる実験結果をもとに考察したことについて，自分の意見を人にわかりやすく伝えるくふうをしている。

○エネルギーの変換を調べる実験計画について，友だちとの話し合いを通して自らの考えを見直している。

○豆電球と発光ダイオードの点灯時間について，根拠のある予想・仮説を立てて実験し，実験内容と結果とを関係づけて自分の考えをまとめている。

○プログラムが計画通りに動かなかったとき，計画を見直して粘り強くプログラムを完成させている。

○電気の利用の学習で，わかったこととまだわからないこと，できるようになったこととまだできないことが何かを，自分で考えている。

関連する既習内容

学年		内容
3	年	電気の通り道
4	年	電気の働き
5	年	電流がつくる磁力

学習活動

小単元名	時数	学習活動	見方・考え方
○導入	1	○教科書 P.168，169 の太陽光発電所や風力発電所の写真を見て，気づいたことを話し合う。 ・太陽光や風力のほかにどのような発電方法があるのか話し合ったり，電気が身の回りでどのように使われているかなどを話し合う。	量的・関係的 関係付け
1. 電気をつくる①	3	○手回し発電機で発電する。 ・身の回りの発電できる道具について話し合い，手回し発電機を使えば電気をつくることができることを理解する。 ・手回し発電機は，乾電池と同じようなはたらきをするのか，予想して調べる。 ・手回し発電機に豆電球やモーターをつないで回路を作り，ハンドルを時計回りにゆっくり回してようすを調べて記録する。 ・同様に，逆向きに回してようすを調べたり，ハンドルを速く回してようすを調べ，記録する。 ・実験の結果から，手回し発電機と乾電池の共通点と違う点をまとめる。 ・手回し発電機は，ハンドルを回すと乾電池のように電流が流れ，ハンドルを速く回すと，電流が大きくなることを理解する。 ・ハンドルを逆向きに回すと，乾電池をつなぐ向きを逆にしたときのように，電流の流れる向きが逆になることを理解する。	量的・関係的　比較 関係付け　条件制御

6年

143

1. 電気をつくる②	2	○光電池の発電の特徴を調べる。	量的・関係的　比較
		・光電池も，乾電池と同じようなはたらきをするのか，光電池の発電の特徴を調べる。	関係付け　条件制御
		・光電池とモーターをつないで回路を作り，光を当てるとモーターが回ることを確認する。	
		・光電池のつなぐ向きを逆にして電流の向きを調べ，記録する。	
		・光電池に当たる光を強くしたり弱くしたりして，電流の大きさに違いがあるか調べ，記録する。	
		・実験結果から，光電池と乾電池の差異点や共通点をまとめる。	
		・光電池は，光が当たっているときだけ電流を流すはたらきがあり，当たる光の強さによって電流の大きさが変わることを理解する。	
		・光電池のつなぐ向きを逆にすると，電流の向きも逆になることを理解する。	
2. 電気の利用①	2	○発電した電気を蓄えて使うことができるのか調べる。	量的・関係的　比較
		・コンデンサーの使い方を理解する。	関係付け　条件制御
		・発電した電気を蓄えて使うことができるのかを予想し，コンデンサーと手回し発電機をつないで電気を蓄え，利用してみる。	
		・コンデンサーと手回し発電機をつないで，時間・回数を決めて手回し発電機を回し，コンデンサーに電気を蓄える。	
		・電気を蓄えたコンデンサーに豆電球をつないで，明かりがつく時間を調べ，記録する。	
		・同様に電気を蓄え，発光ダイオードをつないで，明かりがつく時間を調べて記録し，豆電球のときと比較する。	
		・実験結果から，豆電球よりも発光ダイオードの方が，少ない電気の量で長く明かりをつけられることを導き出す。	
		・発電した電気は蓄電して利用できることを理解する。	
2. 電気の利用②	1	○身の回りで電気がどのように利用されているか調べる。	量的・関係的
		・身の回りの生活のなかで，電気は光以外にも，音や熱，運動に変えて利用されていることを理解する。	関係付け
		・身近な電気製品が，電気を光・音・熱・運動のどれに変えて使っているのか，仲間分けする。	多面的に考える
		・身近な電気製品に，電気の使用量を減らすためのどのようなくふうがあるか調べる。	
○「プログラミング」を体験しよう	4	○明かりをつけるためのプログラムを考える。	量的・関係的
		・コンピュータが動作するための手順や指示をプログラムということを理解する。	関係付け
		・条件と動作の組み合わせを，条件シールと動作シールを使って考える。	多面的に考える
		・まとめシールを使ったときの組み合わせを考える。	
○たしかめよう	1	○電気の利用について学んだことを生かして問題を解く。	量的・関係的
			多面的に考える

| 6年 | 啓林 |

教科書：p.188〜197　配当時数：5時間　配当月：3月

わたしたちの地球 (2)

10. 自然とともに生きる

内容の区分　B 生命・地球

関連する道徳の内容項目　D 生命の尊さ／自然愛護／よりよく生きる喜び

到達目標

》知識・技能

○生物は，環境と関わり合って生きていることがわかる。

○生物が互いに関わり合って生きていることと，ヒトも環境の一部であることがわかる。

○ヒトが環境に与えている影響についてわかる。

○ヒトが環境に与える影響を多面的に考え，どのように地球環境と関わっていけばよいのかを調べることができる。

○ヒトと環境との関わりについて，本やコンピュータなどから必要な情報を集めることができる。

》思考・判断・表現

○ヒトと環境との関わりについて関心をもち，進んで環境問題について調べ，自分にできることを多面的に考えることができる。

○ヒトがどのように地球環境と関わっていけばよいのかを多面的に考え，発表することができる。

》主体的に学習に取り組む態度　※「主体的に学習に取り組む態度」は方向目標を示しています。

○生物と環境について粘り強く追究する活動を通して，ヒトの生活が環境に与える影響について知り，これから私たちが環境とよりよく関わっていくためにはどのようにすればよいかを考えてまとめようとする。

評価規準

》知識・技能

○生物は，水や空気を通して環境と関わり合って生きていることを理解している。

○生物は，食べる・食べられるという関係でつながっていることを理解している。

○生物が互いに関わり合って生きていることと，ヒトも環境の一部であることを理解している。

○ヒトが環境に与えている影響について理解している。

○これまでに学習した内容や新たに集めた情報をもとにして，ヒトと環境とのつながりを多面的にまとめている。

○ヒトが環境に与える影響を多面的に考え，どのように地球環境と関わっていけばよいのかを調べている。

○本やコンピュータなどを活用して，環境問題などについての必要な情報を集めている。

●対応する学習指導要領の項目：B(3) ア (ア)(イ)(ウ)

》思考・判断・表現

○既習内容などをもとに，ヒトと環境との関わりについて多面的にとらえ，その関わりをわかりやすくまとめている。

○友だちの意見を聞いて，自分の予想の妥当性について考えている。

○ヒトがどのように地球環境と関わっていけばよいのかを多面的に考え，わかりやすく発表している。

●対応する学習指導要領の項目：B(3) イ

》主体的に学習に取り組む態度

○ヒトと環境との関わりについて，根拠のある予想・仮説を立てて調べ，自分の考えをまとめている。

○ヒトと環境との関わりについて予想したことを，友だちとの話し合いを通して見直している。

○これから私たちがどのように地球環境と関わっていけばよいのか考察し，自分の意見を人にわかりやすく伝えるくふうをしている。

○生物と環境の学習で，わかったこととまだわからないこと，できるようになったこととまだできないことが何かを，自分で考えている。

関連する既習内容

学年		内容
3	年	身の回りの生物
4	年	季節と生物
4	年	天気の様子 (水の自然蒸発と結露)
5	年	流れる水の働きと土地の変化
6	年	電気の利用
6	年	燃焼の仕組み
6	年	人の体のつくりと働き
6	年	植物の養分と水の通り道

学習活動

小単元名	時数	学習活動	見方・考え方
○導入	1	○環境との関わり合いから「自然とともに生きる」とはどのようなことなのか考える。 ・教科書 P.188, 189 のイラストを見て，生物と環境との関わりについて，気づいたことを話し合う。	共通性・多様性 関係付け 多面的に考える
1. わたしたちの生活と環境	1	○私たちの生活が環境とどのように関わり合っているか考える。 ・空気，水，食べ物と，私たちの生活との関わり合いについて，教科書 P.190, 191 の写真を見て考える。 ・ヒトは，空気や水，動物や植物などの環境と，常に関わり合って生活していることを理解する。	共通性・多様性 関係付け 多面的に考える

| 2. 環境へのえいきょう | 2 | ○私たちの暮らしは，環境にどのような影響を与えたり，与えられたりしているのかを調べる。
・普段，環境にどのような影響を与えたり与えられたりしているか，考えて話し合う。
・空気や水，生物などの環境にヒトが与えている影響を，新聞やコンピュータを使って調べる。
・地球の活動による環境の変化が私たちの生活に与える影響を，新聞やコンピュータを使って調べる。
・環境を守る取り組みを，新聞やコンピュータを使って調べる。
・ヒトの活動は，環境に影響を与えてきたこと，環境の変化が私たちの生活に影響を与えることもあることを理解する。
・今後もよりよい生活を続けるためには，環境を守っていく必要があることを理解する。 | 共通性・多様性
関係付け
多面的に考える |
| 3. 自然とともに生きるために | 1 | ○環境を守るための様々な取り組みについて理解する。
・普段の生活のなかで環境を守るためにできる取り組みを考えて話し合う。
・環境への影響を少なくするための取り組みを理解する。
・環境を守る取り組みを理解する。 | 共通性・多様性
関係付け
多面的に考える |

MEMO

MEMO

MEMO

MEMO

学習指導要領

第4節　理　科

第1　目　標

　自然に親しみ，理科の見方・考え方を働かせ，見通しをもって観察，実験を行うことなどを通して，自然の事物・現象についての問題を科学的に解決するために必要な資質・能力を次のとおり育成することを目指す。

(1)　自然の事物・現象についての理解を図り，観察，実験などに関する基本的な技能を身に付けるようにする。

(2)　観察，実験などを行い，問題解決の力を養う。

(3)　自然を愛する心情や主体的に問題解決しようとする態度を養う。

第2　各学年の目標及び内容

〔第3学年〕

1　目　標

(1)　物質・エネルギー

①　物の性質，風とゴムの力の働き，光と音の性質，磁石の性質及び電気の回路についての理解を図り，観察，実験などに関する基本的な技能を身に付けるようにする。

②　物の性質，風とゴムの力の働き，光と音の性質，磁石の性質及び電気の回路について追究する中で，主に差異点や共通点を基に，問題を見いだす力を養う。

③　物の性質，風とゴムの力の働き，光と音の性質，磁石の性質及び電気の回路について追究する中で，主体的に問題解決しようとする態度を養う。

(2)　生命・地球

①　身の回りの生物，太陽と地面の様子についての理解を図り，観察，実験などに関する基本的な技能を身に付けるようにする。

②　身の回りの生物，太陽と地面の様子について追究する中で，主に差異点や共通点を基に，問題を見いだす力を養う。

③　身の回りの生物，太陽と地面の様子について追究する中で，生物を愛護する態度や主体的に問題解決しようとする態度を養う。

2　内　容

A　物質・エネルギー

(1)　物と重さ

物の性質について，形や体積に着目して，重さを比較しながら調べる活動を通して，次の事項を身に付けることができるよう指導する。

ア　次のことを理解するとともに，観察，実験などに関する技能を身に付けること。

　(ア)　物は，形が変わっても重さは変わらないこと。

　(イ)　物は，体積が同じでも重さは違うことがあること。

イ　物の形や体積と重さとの関係について追究する中で，差異点や共通点を基に，物の性質についての問題を見いだし，表現すること。

(2)　風とゴムの力の働き

　風とゴムの力の働きについて，力と物の動く様子に着目して，それらを比較しながら調べる活動を通して，次の事項を身に付けることができるよう指導する。

ア　次のことを理解するとともに，観察，実験などに関する技能を身に付けること。

　(ア)　風の力は，物を動かすことができること。また，風の力の大きさを変えると，物が動く様子も変わること。

　(イ)　ゴムの力は，物を動かすことができること。また，ゴムの力の大きさを変えると，物が動く様子も変わること。

イ　風とゴムの力で物が動く様子について追究する中で，差異点や共通点を基に，風とゴムの力の働きについての問題を見いだし，表現すること。

(3)　光と音の性質

　光と音の性質について，光を当てたときの明るさや暖かさ，音を出したときの震え方に着目して，光の強さや音の大きさを変えたときの違いを比較しながら調べる活動を通して，次の事項を身に付けることができるよう指導する。

ア　次のことを理解するとともに，観察，実験などに関する技能を身に付けること。

　(ア)　日光は直進し，集めたり反射させたりできること。

　(イ)　物に日光を当てると，物の明るさや暖かさが変わること。

　(ウ)　物から音が出たり伝わったりするとき，物は震えていること。また，音の大きさが変わるとき物の震え方が変わること。

イ　光を当てたときの明るさや暖かさの様子，音を出したときの震え方の様子について追究する中で，差異点や共通点を基に，光と音の性質についての問題を見いだし，表現すること。

(4)　磁石の性質

　磁石の性質について，磁石を身の回りの物に近付けたときの様子に着目して，それらを比較しながら調べる活動を通して，次の事項を身に付けることができるよう指導する。

ア　次のことを理解するとともに，観察，実験などに関する技能を身に付けること。

　(ア)　磁石に引き付けられる物と引き付けられない物があること。また，磁石に近付けると磁石になる物があること。

　(イ)　磁石の異極は引き合い，同極は退け合うこと。

イ　磁石を身の回りの物に近付けたときの様子について追究する中で，差異点や共通点を基に，磁石の性質についての問題を見いだし，表現すること。

(5)　電気の通り道

　電気の回路について，乾電池と豆電球などのつなぎ方と乾電池につないだ物の様子に着目して，電気を通すときと通さないときのつなぎ方を比較しながら調べる活動を通して，次の事項を身に付けることができるよう指導する。

ア　次のことを理解するとともに，観察，実験などに関する技能を身に付けること。

　(ア)　電気を通すつなぎ方と通さないつなぎ方があること。

　(イ)　電気を通す物と通さない物があること。

イ　乾電池と豆電球などのつなぎ方と乾電池につないだ物の様子について追究する中で，差異点や共通点を基に，電気の回路についての問題を見いだし，表現すること。

B　生命・地球

(1)　身の回りの生物

　身の回りの生物について，探したり育てたりする中で，それらの様子や周辺の環境，成長の過程や体のつくりに着目して，それらを比較しながら調べる活動を通して，次の事項を身に付けることができるよう指導する。

ア　次のことを理解するとともに，観察，実験などに関する技能を身に付けること。

　(ア)　生物は，色，形，大きさなど，姿に違いがあること。また，周辺の環境と関わって生きていること。

　(イ)　昆虫の育ち方には一定の順序があること。また，成虫の体は頭，胸及び腹からできていること。

　(ウ)　植物の育ち方には一定の順序があること。また，その体は根，茎及び葉からできていること。

イ　身の回りの生物の様子について追究する中で，差異点や共通点を基に，身の回りの生物と環境との関わり，昆虫や植物の成長のきまりや体のつくりについての問題を見いだし，表現すること。

(2)　太陽と地面の様子

　太陽と地面の様子との関係について，日なたと日陰の様子に着目して，それらを比較しながら調べる活動を通して，次の事項を身に付けることができるよう指導する。

ア　次のことを理解するとともに，観察，実験などに関する技能を身に付けること。

　(ア)　日陰は太陽の光を遮るとでき，日陰の位置は太陽の位置の変化によって変わること。

　(イ)　地面は太陽によって暖められ，日なたと日陰では地面の暖かさや湿り気に違いがあること。

イ　日なたと日陰の様子について追究する中で，差異点や共通点を基に，太陽と地面の様子との関係についての問題を見いだし，表現すること。

3　内容の取扱い

(1)　内容の「A物質・エネルギー」の指導に当たっては，3種類以上のものづくりを行うものとする。

(2)　内容の「A物質・エネルギー」の(4)のアの(ア)については，磁石が物を引き付ける力は，磁石と物の距離によって変わることにも触れること。

(3)　内容の「B生命・地球」の(1)については，次のとおり取り扱うものとする。

ア　アの(イ)及び(ウ)については，飼育，栽培を通して行うこと。

イ　アの(ウ)の「植物の育ち方」については，夏生一年生の双子葉植物を扱うこと。

(4)　内容の「B生命・地球」の(2)のアの(ア)の「太陽の位置の変化」については，東から南，西へと変化することを取り扱うものとする。また，太陽の位置を調べるときの方位は東，西，南，北を扱うものとする。

〔第4学年〕

1　目　標

(1)　物質・エネルギー

①　空気，水及び金属の性質，電流の働きについての理解を図り，観察，実験などに関する基本的な技能を身に付けるようにする。

②　空気，水及び金属の性質，電流の働きについて追究する中で，主に既習の内容や生活経験を基に，根拠のある予想や仮説を発想する力を養う。

③　空気，水及び金属の性質，電流の働きについて追究する中で，主体的に問題解決しようとする態度を養う。

(2)　生命・地球

①　人の体のつくりと運動，動物の活動や植物の成長と環境との関わり，雨水の行方と地面の様子，気象現象，月や星についての理解を図り，観察，実験などに関する基本的な技能を身に付けるようにする。

②　人の体のつくりと運動，動物の活動や植物の成長と環境との関わり，雨水の行方と地面の様子，気象現象，月や星について追究する中で，主に既習の内容や生活経験を基に，根拠のある予想や仮説を

発想する力を養う。

③　人の体のつくりと運動，動物の活動や植物の成長と環境との関わり，雨水の行方と地面の様子，気
象現象，月や星について追究する中で，生物を愛護する態度や主体的に問題解決しようとする態度を
養う。

2　内　容

A　物質・エネルギー

(1)　空気と水の性質

空気と水の性質について，体積や圧し返す力の変化に着目して，それらと圧す力とを関係付けて調
べる活動を通して，次の事項を身に付けることができるよう指導する。

ア　次のことを理解するとともに，観察，実験などに関する技能を身に付けること。

(ア)　閉じ込めた空気を圧すと，体積は小さくなるが，圧し返す力は大きくなること。

(イ)　閉じ込めた空気は圧し縮められるが，水は圧し縮められないこと。

イ　空気と水の性質について追究する中で，既習の内容や生活経験を基に，空気と水の体積や圧し返
す力の変化と圧す力との関係について，根拠のある予想や仮説を発想し，表現すること。

(2)　金属，水，空気と温度

金属，水及び空気の性質について，体積や状態の変化，熱の伝わり方に着目して，それらと温度の
変化とを関係付けて調べる活動を通して，次の事項を身に付けることができるよう指導する。

ア　次のことを理解するとともに，観察，実験などに関する技能を身に付けること。

(ア)　金属，水及び空気は，温めたり冷やしたりすると，それらの体積が変わるが，その程度には違
いがあること。

(イ)　金属は熱せられた部分から順に温まるが，水や空気は熱せられた部分が移動して全体が温まる
こと。

(ウ)　水は，温度によって水蒸気や氷に変わること。また，水が氷になると体積が増えること。

イ　金属，水及び空気の性質について追究する中で，既習の内容や生活経験を基に，金属，水及び空
気の温度を変化させたときの体積や状態の変化，熱の伝わり方について，根拠のある予想や仮説を
発想し，表現すること。

(3)　電流の働き

電流の働きについて，電流の大きさや向きと乾電池につないだ物の様子に着目して，それらを関係
付けて調べる活動を通して，次の事項を身に付けることができるよう指導する。

ア　次のことを理解するとともに，観察，実験などに関する技能を身に付けること。

(ア)　乾電池の数やつなぎ方を変えると，電流の大きさや向きが変わり，豆電球の明るさやモーター

の回り方が変わること。

イ　電流の働きについて追究する中で，既習の内容や生活経験を基に，電流の大きさや向きと乾電池につないだ物の様子との関係について，根拠のある予想や仮説を発想し，表現すること。

B　生命・地球

(1)　人の体のつくりと運動

　　人や他の動物について，骨や筋肉のつくりと働きに着目して，それらを関係付けて調べる活動を通して，次の事項を身に付けることができるよう指導する。

ア　次のことを理解するとともに，観察，実験などに関する技能を身に付けること。

　(ア)　人の体には骨と筋肉があること。

　(イ)　人が体を動かすことができるのは，骨，筋肉の働きによること。

イ　人や他の動物について追究する中で，既習の内容や生活経験を基に，人や他の動物の骨や筋肉のつくりと働きについて，根拠のある予想や仮説を発想し，表現すること。

(2)　季節と生物

　　身近な動物や植物について，探したり育てたりする中で，動物の活動や植物の成長と季節の変化に着目して，それらを関係付けて調べる活動を通して，次の事項を身に付けることができるよう指導する。

ア　次のことを理解するとともに，観察，実験などに関する技能を身に付けること。

　(ア)　動物の活動は，暖かい季節，寒い季節などによって違いがあること。

　(イ)　植物の成長は，暖かい季節，寒い季節などによって違いがあること。

イ　身近な動物や植物について追究する中で，既習の内容や生活経験を基に，季節ごとの動物の活動や植物の成長の変化について，根拠のある予想や仮説を発想し，表現すること。

(3)　雨水の行方と地面の様子

　　雨水の行方と地面の様子について，流れ方やしみ込み方に着目して，それらと地面の傾きや土の粒の大きさとを関係付けて調べる活動を通して，次の事項を身に付けることができるよう指導する。

ア　次のことを理解するとともに，観察，実験などに関する技能を身に付けること。

　(ア)　水は，高い場所から低い場所へと流れて集まること。

　(イ)　水のしみ込み方は，土の粒の大きさによって違いがあること。

イ　雨水の行方と地面の様子について追究する中で，既習の内容や生活経験を基に，雨水の流れ方やしみ込み方と地面の傾きや土の粒の大きさとの関係について，根拠のある予想や仮説を発想し，表現すること。

(4)　天気の様子

天気や自然界の水の様子について，気温や水の行方に着目して，それらと天気の様子や水の状態変化とを関係付けて調べる活動を通して，次の事項を身に付けることができるよう指導する。

ア　次のことを理解するとともに，観察，実験などに関する技能を身に付けること。

(ア)　天気によって１日の気温の変化の仕方に違いがあること。

(イ)　水は，水面や地面などから蒸発し，水蒸気になって空気中に含まれていくこと。また，空気中の水蒸気は，結露して再び水になって現れることがあること。

イ　天気や自然界の水の様子について追究する中で，既習の内容や生活経験を基に，天気の様子や水の状態変化と気温や水の行方との関係について，根拠のある予想や仮説を発想し，表現すること。

(5)　月と星

月や星の特徴について，位置の変化や時間の経過に着目して，それらを関係付けて調べる活動を通して，次の事項を身に付けることができるよう指導する。

ア　次のことを理解するとともに，観察，実験などに関する技能を身に付けること。

(ア)　月は日によって形が変わって見え，１日のうちでも時刻によって位置が変わること。

(イ)　空には，明るさや色の違う星があること。

(ウ)　星の集まりは，１日のうちでも時刻によって，並び方は変わらないが，位置が変わること。

イ　月や星の特徴について追究する中で，既習の内容や生活経験を基に，月や星の位置の変化と時間の経過との関係について，根拠のある予想や仮説を発想し，表現すること。

3　内容の取扱い

(1)　内容の「Ａ物質・エネルギー」の(3)のアの(ア)については，直列つなぎと並列つなぎを扱うものとする。

(2)　内容の「Ａ物質・エネルギー」の指導に当たっては，２種類以上のものづくりを行うものとする。

(3)　内容の「Ｂ生命・地球」の(1)のアの(イ)については，関節の働きを扱うものとする。

(4)　内容の「Ｂ生命・地球」の(2)については，１年を通じて動物の活動や植物の成長をそれぞれ２種類以上観察するものとする。

〔第５学年〕

1　目　標

(1)　物質・エネルギー

①　物の溶け方，振り子の運動，電流がつくる磁力についての理解を図り，観察，実験などに関する基本的な技能を身に付けるようにする。

②　物の溶け方，振り子の運動，電流がつくる磁力について追究する中で，主に予想や仮説を基に，解

決の方法を発想する力を養う。

③　物の溶け方，振り子の運動，電流がつくる磁力について追究する中で，主体的に問題解決しようと
する態度を養う。

(2)　生命・地球

①　生命の連続性，流れる水の働き，気象現象の規則性についての理解を図り，観察，実験などに関す
る基本的な技能を身に付けるようにする。

②　生命の連続性，流れる水の働き，気象現象の規則性について追究する中で，主に予想や仮説を基
に，解決の方法を発想する力を養う。

③　生命の連続性，流れる水の働き，気象現象の規則性について追究する中で，生命を尊重する態度や
主体的に問題解決しようとする態度を養う。

2　内　容

A　物質・エネルギー

(1)　物の溶け方

物の溶け方について，溶ける量や様子に着目して，水の温度や量などの条件を制御しながら調べる
活動を通して，次の事項を身に付けることができるよう指導する。

ア　次のことを理解するとともに，観察，実験などに関する技能を身に付けること。

(ｱ)　物が水に溶けても，水と物とを合わせた重さは変わらないこと。

(ｲ)　物が水に溶ける量には，限度があること。

(ｳ)　物が水に溶ける量は水の温度や量，溶ける物によって違うこと。また，この性質を利用して，
溶けている物を取り出すことができること。

イ　物の溶け方について追究する中で，物の溶け方の規則性についての予想や仮説を基に，解決の方
法を発想し，表現すること。

(2)　振り子の運動

振り子の運動の規則性について，振り子が1往復する時間に着目して，おもりの重さや振り子の長
さなどの条件を制御しながら調べる活動を通して，次の事項を身に付けることができるよう指導
する。

ア　次のことを理解するとともに，観察，実験などに関する技能を身に付けること。

(ｱ)　振り子が1往復する時間は，おもりの重さなどによっては変わらないが，振り子の長さによっ
て変わること。

イ　振り子の運動の規則性について追究する中で，振り子が1往復する時間に関係する条件について
の予想や仮説を基に，解決の方法を発想し，表現すること。

(3) 電流がつくる磁力

　電流がつくる磁力について，電流の大きさや向き，コイルの巻数などに着目して，それらの条件を制御しながら調べる活動を通して，次の事項を身に付けることができるよう指導する。

　ア　次のことを理解するとともに，観察，実験などに関する技能を身に付けること。

　　(ア)　電流の流れているコイルは，鉄心を磁化する働きがあり，電流の向きが変わると，電磁石の極も変わること。

　　(イ)　電磁石の強さは，電流の大きさや導線の巻数によって変わること。

　イ　電流がつくる磁力について追究する中で，電流がつくる磁力の強さに関係する条件についての予想や仮説を基に，解決の方法を発想し，表現すること。

B　生命・地球

(1) 植物の発芽，成長，結実

　植物の育ち方について，発芽，成長及び結実の様子に着目して，それらに関わる条件を制御しながら調べる活動を通して，次の事項を身に付けることができるよう指導する。

　ア　次のことを理解するとともに，観察，実験などに関する技能を身に付けること。

　　(ア)　植物は，種子の中の養分を基にして発芽すること。

　　(イ)　植物の発芽には，水，空気及び温度が関係していること。

　　(ウ)　植物の成長には，日光や肥料などが関係していること。

　　(エ)　花にはおしべやめしべなどがあり，花粉がめしべの先に付くとめしべのもとが実になり，実の中に種子ができること。

　イ　植物の育ち方について追究する中で，植物の発芽，成長及び結実とそれらに関わる条件についての予想や仮説を基に，解決の方法を発想し，表現すること。

(2) 動物の誕生

　動物の発生や成長について，魚を育てたり人の発生についての資料を活用したりする中で，卵や胎児の様子に着目して，時間の経過と関係付けて調べる活動を通して，次の事項を身に付けることができるよう指導する。

　ア　次のことを理解するとともに，観察，実験などに関する技能を身に付けること。

　　(ア)　魚には雌雄があり，生まれた卵は日がたつにつれて中の様子が変化してかえること。

　　(イ)　人は，母体内で成長して生まれること。

　イ　動物の発生や成長について追究する中で，動物の発生や成長の様子と経過についての予想や仮説を基に，解決の方法を発想し，表現すること。

(3) 流れる水の働きと土地の変化

流れる水の働きと土地の変化について，水の速さや量に着目して，それらの条件を制御しながら調べる活動を通して，次の事項を身に付けることができるよう指導する。

ア　次のことを理解するとともに，観察，実験などに関する技能を身に付けること。

　㋐　流れる水には，土地を侵食したり，石や土などを運搬したり堆積させたりする働きがあること。

　㋑　川の上流と下流によって，川原の石の大きさや形に違いがあること。

　㋒　雨の降り方によって，流れる水の量や速さは変わり，増水により土地の様子が大きく変化する場合があること。

イ　流れる水の働きについて追究する中で，流れる水の働きと土地の変化との関係についての予想や仮説を基に，解決の方法を発想し，表現すること。

(4)　天気の変化

天気の変化の仕方について，雲の様子を観測したり，映像などの気象情報を活用したりする中で，雲の量や動きに着目して，それらと天気の変化とを関係付けて調べる活動を通して，次の事項を身に付けることができるよう指導する。

ア　次のことを理解するとともに，観察，実験などに関する技能を身に付けること。

　㋐　天気の変化は，雲の量や動きと関係があること。

　㋑　天気の変化は，映像などの気象情報を用いて予想できること。

イ　天気の変化の仕方について追究する中で，天気の変化の仕方と雲の量や動きとの関係についての予想や仮説を基に，解決の方法を発想し，表現すること。

3　内容の取扱い

(1)　内容の「A物質・エネルギー」の指導に当たっては，2種類以上のものづくりを行うものとする。

(2)　内容の「A物質・エネルギー」の(1)については，水溶液の中では，溶けている物が均一に広がることにも触れること。

(3)　内容の「B生命・地球」の(1)については，次のとおり取り扱うものとする。

ア　アの㋐の「種子の中の養分」については，でんぷんを扱うこと。

イ　アの㋓については，おしべ，めしべ，がく及び花びらを扱うこと。また，受粉については，風や昆虫などが関係していることにも触れること。

(4)　内容の「B生命・地球」の(2)のアの㋑については，人の受精に至る過程は取り扱わないものとする。

(5)　内容の「B生命・地球」の(3)のアの㋒については，自然災害についても触れること。

(6)　内容の「B生命・地球」の(4)のアの㋑については，台風の進路による天気の変化や台風と降雨との関係及びそれに伴う自然災害についても触れること。

〔第6学年〕

1　目　標

(1)　物質・エネルギー

①　燃焼の仕組み，水溶液の性質，てこの規則性及び電気の性質や働きについての理解を図り，観察，実験などに関する基本的な技能を身に付けるようにする。

②　燃焼の仕組み，水溶液の性質，てこの規則性及び電気の性質や働きについて追究する中で，主にそれらの仕組みや性質，規則性及び働きについて，より妥当な考えをつくりだす力を養う。

③　燃焼の仕組み，水溶液の性質，てこの規則性及び電気の性質や働きについて追究する中で，主体的に問題解決しようとする態度を養う。

(2)　生命・地球

①　生物の体のつくりと働き，生物と環境との関わり，土地のつくりと変化，月の形の見え方と太陽との位置関係についての理解を図り，観察，実験などに関する基本的な技能を身に付けるようにする。

②　生物の体のつくりと働き，生物と環境との関わり，土地のつくりと変化，月の形の見え方と太陽との位置関係について追究する中で，主にそれらの働きや関わり，変化及び関係について，より妥当な考えをつくりだす力を養う。

③　生物の体のつくりと働き，生物と環境との関わり，土地のつくりと変化，月の形の見え方と太陽との位置関係について追究する中で，生命を尊重する態度や主体的に問題解決しようとする態度を養う。

2　内　容

A　物質・エネルギー

(1)　燃焼の仕組み

　　　燃焼の仕組みについて，空気の変化に着目して，物の燃え方を多面的に調べる活動を通して，次の事項を身に付けることができるよう指導する。

　ア　次のことを理解するとともに，観察，実験などに関する技能を身に付けること。

　　(ｱ)　植物体が燃えるときには，空気中の酸素が使われて二酸化炭素ができること。

　イ　燃焼の仕組みについて追究する中で，物が燃えたときの空気の変化について，より妥当な考えをつくりだし，表現すること。

(2)　水溶液の性質

　　　水溶液について，溶けている物に着目して，それらによる水溶液の性質や働きの違いを多面的に調べる活動を通して，次の事項を身に付けることができるよう指導する。

　ア　次のことを理解するとともに，観察，実験などに関する技能を身に付けること。

(ｱ)　水溶液には，酸性，アルカリ性及び中性のものがあること。

(ｲ)　水溶液には，気体が溶けているものがあること。

(ｳ)　水溶液には，金属を変化させるものがあること。

イ　水溶液の性質や働きについて追究する中で，溶けているものによる性質や働きの違いについて，より妥当な考えをつくりだし，表現すること。

(3)　てこの規則性

てこの規則性について，力を加える位置や力の大きさに着目して，てこの働きを多面的に調べる活動を通して，次の事項を身に付けることができるよう指導する。

ア　次のことを理解するとともに，観察，実験などに関する技能を身に付けること。

(ｱ)　力を加える位置や力の大きさを変えると，てこを傾ける働きが変わり，てこがつり合うときにはそれらの間に規則性があること。

(ｲ)　身の回りには，てこの規則性を利用した道具があること。

イ　てこの規則性について追究する中で，力を加える位置や力の大きさとてこの働きとの関係について，より妥当な考えをつくりだし，表現すること。

(4)　電気の利用

発電や蓄電，電気の変換について，電気の量や働きに着目して，それらを多面的に調べる活動を通して，次の事項を身に付けることができるよう指導する。

ア　次のことを理解するとともに，観察，実験などに関する技能を身に付けること。

(ｱ)　電気は，つくりだしたり蓄えたりすることができること。

(ｲ)　電気は，光，音，熱，運動などに変換することができること。

(ｳ)　身の回りには，電気の性質や働きを利用した道具があること。

イ　電気の性質や働きについて追究する中で，電気の量と働きとの関係，発電や蓄電，電気の変換について，より妥当な考えをつくりだし，表現すること。

B　生命・地球

(1)　人の体のつくりと働き

人や他の動物について，体のつくりと呼吸，消化，排出及び循環の働きに着目して，生命を維持する働きを多面的に調べる活動を通して，次の事項を身に付けることができるよう指導する。

ア　次のことを理解するとともに，観察，実験などに関する技能を身に付けること。

(ｱ)　体内に酸素が取り入れられ，体外に二酸化炭素などが出されていること。

(ｲ)　食べ物は，口，胃，腸などを通る間に消化，吸収され，吸収されなかった物は排出されること。

㈦　血液は，心臓の働きで体内を巡り，養分，酸素及び二酸化炭素などを運んでいること。

　　㈨　体内には，生命活動を維持するための様々な臓器があること。

　イ　人や他の動物の体のつくりと働きについて追究する中で，体のつくりと呼吸，消化，排出及び循環の働きについて，より妥当な考えをつくりだし，表現すること。

(2)　植物の養分と水の通り道

　　植物について，その体のつくり，体内の水などの行方及び葉で養分をつくる働きに着目して，生命を維持する働きを多面的に調べる活動を通して，次の事項を身に付けることができるよう指導する。

　ア　次のことを理解するとともに，観察，実験などに関する技能を身に付けること。

　　㋐　植物の葉に日光が当たるとでんぷんができること。

　　㋑　根，茎及び葉には，水の通り道があり，根から吸い上げられた水は主に葉から蒸散により排出されること。

　イ　植物の体のつくりと働きについて追究する中で，体のつくり，体内の水などの行方及び葉で養分をつくる働きについて，より妥当な考えをつくりだし，表現すること。

(3)　生物と環境

　　生物と環境について，動物や植物の生活を観察したり資料を活用したりする中で，生物と環境との関わりに着目して，それらを多面的に調べる活動を通して，次の事項を身に付けることができるよう指導する。

　ア　次のことを理解するとともに，観察，実験などに関する技能を身に付けること。

　　㋐　生物は，水及び空気を通して周囲の環境と関わって生きていること。

　　㋑　生物の間には，食う食われるという関係があること。

　　㋒　人は，環境と関わり，工夫して生活していること。

　イ　生物と環境について追究する中で，生物と環境との関わりについて，より妥当な考えをつくりだし，表現すること。

(4)　土地のつくりと変化

　　土地のつくりと変化について，土地やその中に含まれる物に着目して，土地のつくりやでき方を多面的に調べる活動を通して，次の事項を身に付けることができるよう指導する。

　ア　次のことを理解するとともに，観察，実験などに関する技能を身に付けること。

　　㋐　土地は，礫，砂，泥，火山灰などからできており，層をつくって広がっているものがあること。また，層には化石が含まれているものがあること。

　　㋑　地層は，流れる水の働きや火山の噴火によってできること。

　　㋒　土地は，火山の噴火や地震によって変化すること。

イ　土地のつくりと変化について追究する中で，土地のつくりやでき方について，より妥当な考えをつくりだし，表現すること。

(5)　月と太陽

　　月の形の見え方について，月と太陽の位置に着目して，それらの位置関係を多面的に調べる活動を通して，次の事項を身に付けることができるよう指導する。

　ア　次のことを理解するとともに，観察，実験などに関する技能を身に付けること。

　　(ア)　月の輝いている側に太陽があること。また，月の形の見え方は，太陽と月との位置関係によって変わること。

　イ　月の形の見え方について追究する中で，月の位置や形と太陽の位置との関係について，より妥当な考えをつくりだし，表現すること。

3　内容の取扱い

(1)　内容の「A物質・エネルギー」の指導に当たっては，2種類以上のものづくりを行うものとする。

(2)　内容の「A物質・エネルギー」の(4)のアの(ア)については，電気をつくりだす道具として，手回し発電機，光電池などを扱うものとする。

(3)　内容の「B生命・地球」の(1)については，次のとおり取り扱うものとする。

　ア　アの(ウ)については，心臓の拍動と脈拍とが関係することにも触れること。

　イ　アの(エ)については，主な臓器として，肺，胃，小腸，大腸，肝臓，腎臓，心臓を扱うこと。

(4)　内容の「B生命・地球」の(3)については，次のとおり取り扱うものとする。

　ア　アの(ア)については，水が循環していることにも触れること。

　イ　アの(イ)については，水中の小さな生物を観察し，それらが魚などの食べ物になっていることに触れること。

(5)　内容の「B生命・地球」の(4)については，次のとおり取り扱うものとする。

　ア　アの(イ)については，流れる水の働きでできた岩石として礫岩，砂岩，泥岩を扱うこと。

　イ　アの(ウ)については，自然災害についても触れること。

(6)　内容の「B生命・地球」の(5)のアの(ア)については，地球から見た太陽と月との位置関係で扱うものとする。

第3　指導計画の作成と内容の取扱い

1　指導計画の作成に当たっては，次の事項に配慮するものとする。

(1)　単元など内容や時間のまとまりを見通して，その中で育む資質・能力の育成に向けて，児童の主体的・対話的で深い学びの実現を図るようにすること。その際，理科の学習過程の特質を踏まえ，理科

の見方・考え方を働かせ，見通しをもって観察，実験を行うことなどの，問題を科学的に解決しようとする学習活動の充実を図ること。

(2) 各学年で育成を目指す思考力，判断力，表現力等については，該当学年において育成することを目指す力のうち，主なものを示したものであり，実際の指導に当たっては，他の学年で掲げている力の育成についても十分に配慮すること。

(3) 障害のある児童などについては，学習活動を行う場合に生じる困難さに応じた指導内容や指導方法の工夫を計画的，組織的に行うこと。

(4) 第1章総則の第1の2の(2)に示す道徳教育の目標に基づき，道徳科などとの関連を考慮しながら，第3章特別の教科道徳の第2に示す内容について，理科の特質に応じて適切な指導をすること。

2 第2の内容の取扱いについては，次の事項に配慮するものとする。

(1) 問題を見いだし，予想や仮説，観察，実験などの方法について考えたり説明したりする学習活動，観察，実験の結果を整理し考察する学習活動，科学的な言葉や概念を使用して考えたり説明したりする学習活動などを重視することによって，言語活動が充実するようにすること。

(2) 観察，実験などの指導に当たっては，指導内容に応じてコンピュータや情報通信ネットワークなどを適切に活用できるようにすること。また，第1章総則の第3の1の(3)のイに掲げるプログラミングを体験しながら論理的思考力を身に付けるための学習活動を行う場合には，児童の負担に配慮しつつ，例えば第2の各学年の内容の〔第6学年〕の「A物質・エネルギー」の(4)における電気の性質や働きを利用した道具があることを捉える学習など，与えた条件に応じて動作していることを考察し，更に条件を変えることにより，動作が変化することについて考える場面で取り扱うものとする。

(3) 生物，天気，川，土地などの指導に当たっては，野外に出掛け地域の自然に親しむ活動や体験的な活動を多く取り入れるとともに，生命を尊重し，自然環境の保全に寄与する態度を養うようにすること。

(4) 天気，川，土地などの指導に当たっては，災害に関する基礎的な理解が図られるようにすること。

(5) 個々の児童が主体的に問題解決の活動を進めるとともに，日常生活や他教科等との関連を図った学習活動，目的を設定し，計測して制御するという考え方に基づいた学習活動が充実するようにすること。

(6) 博物館や科学学習センターなどと連携，協力を図りながら，それらを積極的に活用すること。

3 観察，実験などの指導に当たっては，事故防止に十分留意すること。また，環境整備に十分配慮するとともに，使用薬品についても適切な措置をとるよう配慮すること。

小学校　教科書単元別
到達目標と評価規準 〈理科〉啓 3-6年
2020年度新教科書対応

2019年10月30日　初版第1版発行

企画・編集　　日本標準教育研究所
発　行　所　　株式会社　日本標準
発　行　者　　伊藤　潔
　　　　　　　〒167-0052　東京都杉並区南荻窪3-31-18
　　　　　　　TEL　03-3334-2630　FAX　03-3334-2635
　　　　　　　URL　https://www.nipponhyojun.co.jp/
デザイン・編集協力　株式会社リーブルテック
印刷・製本　株式会社リーブルテック

ISBN　978-4-8208-0675-2　C3037　Printed in Japan
乱丁・落丁の場合はお取り替えいたします。